L'ETHNOLOGIE

ET

E DIXIÈME CHAPITRE DE LA GENÈSE

PAR

Le Vᵗᵉ L. RIOULT DE NEUVILLE

(Extrait de la *Revue des questions historiques*. — Avril 1878.)

PARIS

LIBRAIRIE DE VICTOR PALMÉ, ÉDITEUR

Rue de Grenelle-Saint-Germain, 25

1878

L'ETHNOLOGIE

ET

LE DIXIÈME CHAPITRE DE LA GENÈSE

PAR

Le Vte L. RIOULT DE NEUVILLE

(Extrait de la *Revue des questions historiques*. — Avril 1878)

PARIS

LIBRAIRIE DE VICTOR PALMÉ, ÉDITEUR

Rue de Grenelle-Saint-Germain, 25

1878

L'ETHNOLOGIE

ET

LE DIXIÈME CHAPITRE DE LA GENÈSE

I

L'histoire primitive du genre humain semble s'être éclairée depuis quelques années d'un jour tout nouveau. Les nombreuses recherches qui ont exhumé les traces de siècles dont l'histoire écrite n'avait conservé aucun souvenir, nous ont révélé tout un ordre de choses jusqu'à présent inconnu. Le passé semble devoir se dévoiler à nous tout entier. Cependant telles sont l'irréflexion, la légèreté et la précipitation de l'esprit humain, que le principal résultat d'une masse d'observations attentives et concordantes a été jusqu'à présent de donner naissance aux théories les plus hasardées et aux systèmes les plus dépourvus de valeur scientifique. Le résultat final sera sans doute très-différent : beaucoup d'assertions prématurées sont destinées à disparaître à la lumière d'investigations nouvelles, beaucoup de conclusions trop rapidement acceptées ne résisteront pas à l'épreuve d'un examen plus approfondi.

Un des faits qui semblent se dégager le plus évidemment des découvertes modernes, est l'état de profonde barbarie dont les traces se retrouvent aux époques les plus anciennes de l'humanité : non point cette barbarie relative qui règne encore sur une partie considérable du globe, mais une sauvagerie complète dont quelques peuplades dégradées offrent seules aujourd'hui l'exemple. Dans cet état l'homme, ne connaissant ni l'agriculture, ni l'éducation des animaux domestiques, a recours uniquement à la chasse ou à la pêche pour subvenir aux besoins les plus impérieux de son existence errante ; il vit très-disséminé, parce que l'isolement, ou du moins la réunion en très-petits groupes, lui est imposé sous peine de famine. En réalité la société humaine n'existe pas et l'homme semble par là étranger à quelques-uns des traits les plus caractéristiques de son espèce. De l'observation de ces faits sont nées bien des théories sur la marche progressive de la race humaine, théories aussi répandues que faciles à confondre, puisqu'elles ne sont pas à l'abri de l'épreuve expérimentale. L'homme civilisé diffère-t-il par aucun caractère intrinsèque du sauvage ? S'il en est ainsi, l'enfant européen, tombé entre les mains d'une tribu étrangère à toute civilisation, restera très-différent de ses compagnons ; le petit sauvage, soustrait dès sa première enfance à l'influence d'un milieu dégradant et soumis à une bonne éducation, se montrera incapable d'en profiter. C'est justement ce qui n'a pas lieu, et à part quelques aptitudes plus ou moins prononcées chez certaines races, le petit sauvage ne se montre pas inférieur à la moyenne des enfants de son âge, le petit Européen n'échappe pas à l'abaissement du sauvage [1]. De ceci on peut conclure qu'entre l'homme civilisé et l'être primitif qui a fabriqué les instruments les plus informes de l'époque paléolithique, il n'existe aucune différence naturelle, et que les avantages du premier ne sont dus qu'à une influence tout extérieure, celle du milieu social où il a été élevé. Ce milieu est ce que nous appelons l'état de civilisation ; c'est par lui seulement que l'homme de nos jours manifeste une supériorité sur celui des âges les plus reculés.

Une question beaucoup plus délicate et plus complexe, est celle de l'origine de cet état civilisé par où se décèle la ten-

---

[1] Un jeune mousse français, du nom de Giraud, fut abandonné à la suite d'un naufrage sur la côte de Queensland (Australie). Cet enfant, alors âgé d'environ dix ans, fut recueilli par une tribu de sauvages dignes de compter parmi les moins intelligents et les plus abrutis de l'espèce humaine. Vivant au milieu d'eux, Giraud leur devint à tous égards semblable, et quand, une vingtaine d'années après, en 1876, il leur fut enlevé par un navire anglais, il était devenu, par ses goûts, ses instincts, ses habitudes et ses idées, un véritable Australien. Ce ne fut qu'après quelque temps de fréquentation d'autres hommes civilisés qu'il parut revenir peu à peu à sa première nature. Son enfance n'avait point été particulièrement négligée : il savait lire et écrire.

dance progressive de l'humanité. Aux yeux d'une certaine école fort en vogue aujourd'hui, ce problème se résoudrait aisément, comme tout autre problème embarrassant, d'une manière très-simple : par l'intervention d'un nombre illimité de siècles. La valeur de cette solution, à un point de vue purement scientifique, a le défaut d'échapper à toute constatation. Elle n'est point conforme aux données que nous procure l'étude des faits. On a vu des peuples à demi-civilisés développer par eux-mêmes avec le temps une civilisation supérieure. L'exemple de sauvages étrangers à la vie sociale y parvenant lentement par leurs propres efforts, reste encore à découvrir. Prenons par exemple l'Europe, la seule partie de l'univers où les traces des plus anciennes périodes aient été généralement explorées. Rien ne se manifeste avec une plus irrésistible évidence, que l'intervention d'un élément étranger dans chacun des pas qui ont conduit les habitants de l'Europe de la barbarie la plus profonde à la brillante civilisation des époques grecque et romaine. En ce qui concerne la Grèce et l'Italie, la chose est trop notoire pour qu'il faille s'y appesantir. Mais à ne considérer même que les premières ébauches d'une rude vie sociale qui ont apparu dans les régions septentrionales et occidentales de l'Europe, l'action d'un élément extérieur ne peut être révoquée en doute. Ce n'est point par un développement progressif que les tribus paléolithiques sont parvenues à l'art de la pierre polie ; ce ne sont point des essais et des tâtonnements successifs qui ont introduit dans nos contrées l'usage du bronze d'abord, puis celui du fer; ce n'est point dans nos climats qu'a pu prendre naissance la culture des céréales. Voilà des points qu'il suffit d'affirmer, puisqu'il est certain que nul ne voudrait se hasarder à les contredire. C'est donc chose démontrée que, même sous ses formes les plus primitives et les plus incomplètes, la civilisation n'a été en Europe qu'un produit exotique, dont l'introduction ne remonte qu'à une date indubitablement postérieure aux temps quaternaires.

Si de l'Europe nous passons aux contrées de l'extrême Orient, à l'Inde, à la péninsule Transgangétique, à la Chine et au Japon, même à ces régions de l'Amérique où une civilisation mal connue ne s'est montrée que pour s'éteindre sans presque laisser de vestiges, nous pouvons constater des phénomènes à peu près analogues : c'est-à-dire la vie civilisée se manifestant à une époque comparativement récente, succédant à la plus profonde barbarie, et, autant que toutes les traditions primitives nous le font entrevoir, née sous l'influence d'initiateurs étrangers.

Il semble donc que toute civilisation a rayonné d'un même point de départ, d'où elle s'est étendue lentement et par une marche irrégulière sur les diverses régions du globe. La saisir et l'étudier dans ce premier berceau, serait assurément ouvrir un chapitre du plus haut intérêt dans l'histoire de l'espèce humaine. Mais où chercher cet asile primitif de la civilisation ? A cet égard il a été émis plus d'un système, et si l'on considère la question dans toute sa généralité, sans la restreindre aux limites d'une époque déterminée, toutes les hypothèses sont encore ouvertes et peuvent se soutenir. Il n'en serait plus de même si, serrant de plus près le problème, nous nous demandions : existait-il une région civilisée vers la fin de l'époque glaciaire? où était située cette région ? quelles en étaient les limites ?

Il est une contrée dont les traditions ont toujours prétendu faire remonter l'histoire au-delà de ces grands bouleversements climatériques qui ont amené de si profonds changements sur la surface du globe. Tandis que les autres peuples n'ont conservé à cet égard que de vagues notions, ce pays qu'arrosent l'Euphrate et le Tigre, a toujours fait dater d'une époque antérieure sa propre civilisation ; il allait jusqu'à revendiquer une origine aussi reculée pour quelques-unes de ses villes, jusqu'à attribuer à cet âge primitif certains monuments écrits qu'il se flattait de conserver. Il est bon sans doute de se méfier des prétentions outrées auquel un orgueil patriotique a si souvent donné naissance. Toutefois il est juste de reconnaître qu'à défaut de preuves directes constatant l'existence d'un état de civilisation développé dans cette région dès les âges quaternaires, les circonstances tendent toutes à favoriser une pareille présomption. Le bassin inférieur du Tigre et de l'Euphrate constitue de nos jours une des parties les plus malsaines et les plus inhabitables du globe. Les chaleurs de l'été y sont tellement violentes, que la vie humaine ne peut s'y maintenir qu'au prix de beaucoup de précautions et de souffrances. Foyer habituel de la peste, cette contrée, autrefois si peuplée, aujourd'hui en grande partie déserte, voit diminuer progressivement sa surface cultivable et le nombre de ses habitants. C'est là en partie, il est vrai, l'œuvre d'un déplorable gouvernement, et l'on est en droit de supposer que, sous une meilleure administration, avec une bonne distribution des eaux fluviales et un vaste système d'irrigation, l'Irak-Arabi pourrait retrouver sa fertilité et nourrir comme autrefois une population nombreuse. Mais qui ne sent que ces conditions, si elles peuvent être les bienfaits d'une civilisation avancée, ne sont pas de celles que doit naturellement produire une barbarie primitive où les premiers essais d'une vie sociale plus complète commencent à prendre naissance? L'antique civilisation de la Chaldée a su triompher des obstacles d'un climat détestable, mais elle a dû préexister pour être en état de les combattre. Si nous nous reportons à la dernière période des temps géologiques, à cette époque de refroidissement où des glaciers couvraient les montagnes de l'Arménie et obstruaient les vallons du Liban, le bassin de l'Euphrate devait jouir d'un climat aussi tempéré qu'il est aujourd'hui extrême; ce devait être alors une des régions les plus favorisées de l'univers. S'il faut en croire les récits de l'antiquité, c'était la contrée où les espèces végétales qui contribuent le plus largement à l'alimentation du genre humain se trouvaient à l'état sauvage. Il y a donc lieu de présumer que c'est là qu'elles ont été pour la première fois soumises à la culture, et, comme il y a une connexité inévitable entre l'existence d'une société civilisée et l'usage des céréales, c'est avec la plus grande probabilité que l'on peut chercher dans le bassin inférieur des fleuves mésopotamiens le berceau primitif de la civilisation.

Beaucoup d'excellents auteurs, sous l'influence des intéressantes recherches auxquelles l'étude des plus anciennes traditions de la race aryenne a donné naissance, inclinent à chercher ce berceau sur les plateaux de la haute Asie. Une simple considération nous semble de nature à éliminer complètement ce système. Il paraît inadmissible que ces plateaux, situés à une altitude des plus considérables, sujets à des hivers très-rigoureux et garantis des vents chauds du Midi par les immenses chaînes des montagnes de l'Himalaya et de l'Hindou-Kosch, aient pu être aucunement propres au séjour de l'homme pendant la période de refroidissement qui a terminé les temps quaternaires. Si l'on suppose que les traditions aryennes remontent à un âge antérieur, on leur attribue par là une antiquité d'autant plus invraisemblable que ces traditions manquent d'exactitude et de précision pour les périodes les plus récentes elles-mêmes. S'il s'agit de temps postérieurs à l'époque glaciaire, ces traditions sont relativement trop modernes pour peser de quelque poids dans la question. Les plateaux de la haute Asie, point de départ probable de plusieurs grandes familles de peuples, n'ont pu jouer un rôle que longtemps après l'origine, non-seulement de la race humaine, mais encore d'une société civilisée.

On pourrait objecter à l'Assyrie et à la Chaldée, considérées comme premier centre de la civilisation, que ces contrées ne nous ont jusqu'à présent fourni que des documents historiques de date certaine bien moins anciens que ceux laissés par l'Égypte ; celle-ci aurait donc des droits à réclamer la priorité. Cette objection serait plus spécieuse que solide. Tout indique que la civilisation égyptienne, malgré sa prodigieuse antiquité, n'a pas été l'œuvre d'une évolution graduelle. Si près que l'on remonte de son origine, on la trouve revêtue déjà de toute sa splendeur. Offrant de très-sérieux rapports avec la civilisation la plus ancienne de la Chaldée, elle paraît en avoir subi l'influence plutôt que lui avoir imposé la sienne. Il semblerait qu'un essaim, sorti du premier foyer des arts et des sciences humaines, soit venu sur les bords du Nil les introduire au milieu de tribus sauvages pour les y faire briller d'un plus vif éclat. Les arts de l'Egypte peuvent dériver des arts de la Chaldée : ils n'ont certainement exercé sur ceux-ci qu'une influence secondaire. Les données de la linguistique sont plus concluantes encore. Dans le langage de l'ancienne Égypte se révèle un double élément : la part de l'élément syro-arabe y est bien constatée, son règne n'y est pas exclusif ; une bonne partie du matériel de la langue ne peut y être ramené, trace certaine d'un mélange que n'offrent point les idiomes du groupe syro-arabe. L'Égypte a donc reçu de l'Asie bien plus qu'elle ne lui a donné.

Ce n'est pas que la civilisation égyptienne ne puisse être attribuée qu'à une époque géologiquement récente. Nous ne le cacherons pas, dans notre opinion l'histoire des plus

anciennes dynasties de l'empire égyptien plonge profondément dans les temps quaternaires. Il est vrai, l'Égypte jouissait déjà d'un climat chaud, que sa latitude justifie suffisamment; mais manque-t-on d'indices qui annonceraient dans le
régime de ses eaux un état sensiblement différent ? N'y a-t-il
pas lieu de croire que les déserts dont elle est entourée,
à peine suffisants aujourd'hui à nourrir quelques centaines
de Bédouins, alimentaient alors une population de pasteurs
ou de chasseurs bien moins insignifiante en nombre ? Mais
surtout comment expliquera-t-on l'extrême isolement de
tout autre grand corps de nation, qui se manifeste si étrange-
ment dans l'histoire de l'Égypte pendant la période de l'ancien empire ? Dans notre froide Europe, à peine nous consta-
tons l'apparition du climat actuel, avec sa faune et sa flore
normales, que nous voyons se développer l'âge de la pierre
poli avec ses populations nombreuses et guerrières; les
régions les moins favorisées ont déjà leurs habitants; et aucun
des courants qui entraînaient vers l'Ouest ces multitudes de
tribus, ne les aurait portées du côté où l'ancienne Égypte en
eût subi le choc. Rien de plus simple si nous supposons la
coexistence du premier empire égyptien avec l'époque paléolithique de nos contrées, temps où l'Occident ne révèle que
des tribus clairsemées de pêcheurs ou de chasseurs nomades,
où l'Orient se trouvait séparé de l'Égypte, non-seulement par
le sol stérile de l'Arabie-Pétrée, mais encore par les neiges et
les glaces qui défendaient alors les défilés du Liban. On peut
se demander, il est vrai, comment une aussi profonde altération des conditions climatériques que celle où se place la fin
des temps quaternaires n'aurait point laissé de traces dans les
annales de l'Égypte. Mais est-il bien sûr que ces traces soient
complétement absentes ? D'où est venu à l'un des principaux
monarques de la douzième dynastie, Aménemhé III, le souci
d'améliorer les ressources fournies par les eaux du Nil, si
aucun changement n'en avait fait sentir la nécessité ? C'est là
un fait qui n'est pas sans parallèle dans l'histoire babylo-
nienne; les travaux gigantesques d'irrigation qui conservèrent
longtemps à la Chaldée sa fertilité, furent assez vraisemblablement entrepris en premier lieu pour remédier aux incon-
vénients d'une révolution opérée dans le climat. Ce ne sont
là, si l'on veut, que de pures hypothèses; mais ce qu'elles ont

pour but d'établir, c'est qu'en supposant la civilisation égyptienne ou assyrienne postérieure à la fin des temps géologiques, on n'émet qu'une assertion gratuite, qui ne peut être appuyée de preuves suffisantes, et n'a par conséquent aucun droit à prédominer sur l'opinion contraire.

Quoi qu'il en soit, s'il est une source où nous puissions recueillir quelques notions historiques sérieuses sur les temps primitifs de l'espèce humaine et sur l'origine de la civilisation, c'est dans les documents laissés par les anciennes populations du bassin de l'Euphrate que nous avons le plus de chances de les trouver. Parmi ces peuples, doit prendre rang le peuple hébreu ; car, s'il est vrai qu'Israël n'a compté au nombre des nations que le jour de sa sortie d'Égypte, ce n'est pourtant pas l'Égypte mais la Chaldée qui doit être considérée comme son berceau ; c'est exclusivement de la Chaldée qu'il tirait son origine et ses traditions, son sang comme son langage. La langue hébraïque n'est à proprement parler qu'un dialecte de l'assyrien et, parmi les langues de la famille syro-arabe, c'est une de celles qui ont avec lui le plus d'affinité. Les traditions, les coutumes, les idées reçues chez les Hébreux sont profondément différentes de celles de l'Égypte ; elles ont au contraire avec celles de la Chaldée mille traits de ressemblance. Rien de moins étonnant : Abraham, le père du peuple de Dieu, était sorti de la Chaldée ; sa postérité, devenue une grande nation, a conservé l'empreinte qu'il lui avait laissée.

Il est donc du plus vif intérêt de comparer les livres saints des Hébreux avec ce qu'ont révélé les fragments assyriens qui se rapportent aux temps primitifs de l'humanité. Quelque incomplets que soient les débris de textes jusqu'à présent recueillis, ils suffisent à démontrer que les plus anciennes traditions de la Chaldée étaient, dans leur ensemble, conformes aux notions que nous a transmises la Genèse. Soit que nous considérions le texte sacré comme la version originaire ayant échappé aux altérations introduites par le temps et l'influence du polythéisme assyrien, soit que nous l'envisagions comme une recension des croyances traditionnelles dégagées de tout mélange de fables par l'écrivain inspiré, il est incontestable qu'il décèle avec les récits des anciens Chaldéens les traces les plus visibles d'une commune origine. Impossible d'attribuer cette ressemblance à l'influence de relations posté-

rieures; du temps de Jacob à celui de Moïse, la postérité
d'Abraham s'est trouvée hors de toute portée des influences
orientales; bien moins encore a-t-elle pu exercer une action
sur les peuples des bords de l'Euphrate. On peut donc regarder
comme certain que les notions admises également par les
livres saints des Hébreux et par les textes assyriens du
British Muséum nous donnent sous deux formes différentes
la révélation des connaissances que possédait la Chaldée aux
temps qui ont précédé la naissance d'Abraham. Les adversaires les plus déterminés du caractère inspiré de la Genèse,
ne peuvent se refuser à admettre que ces récits ne nous aient
transmis sur l'origine des peuples des traditions incomparablement plus anciennes et plus respectables qu'aucune de
celles qu'il a été possible de recueillir ailleurs.

Nous n'avons pas à nous occuper ici des faits qui ont précédé la dispersion des peuples. Mais il est un point qui mérite
une étude spéciale, à cause de ses rapports avec les sciences
ethnologiques. Le dixième chapitre de la Genèse est con-
sacré à l'énumération des descendants de Noé. Ce document,
d'une extrême importance pour l'histoire primitive des
races, n'a été jusqu'à présent que d'une utilité médiocre, à
cause des difficultés que présente son interprétation, et les
récentes découvertes assyriennes n'ont encore fourni aucun
fragment d'écrit analogue de nature à nous apprendre les
rapports ou la différence qui pouvaient se trouver entre cette
partie de l'œuvre de Moïse et les connaissances ethnologiques
des anciens Chaldéens. Le chapitre x de la Genèse n'est
point, comme une lecture superficielle pourrait le faire supposer, un simple tableau généalogique. Les noms qui y
figurent ne sont point exclusivement des noms d'hommes
contemporains des premiers temps qui ont suivi le déluge.
Une partie considérable de ces noms, dont plusieurs sont en
hébreu sous la forme du pluriel, ont été employés comme
noms de peuples ou de provinces jusqu'à une époque comparativement récente. Ce chapitre semble donc de nature à
fournir aux recherches ethnologiques le guide le plus pré-
cieux. Cependant il faut avouer qu'il n'a pas, jusqu'à présent,
rendu sous ce rapport tous les services qu'on était en droit
d'en attendre. En vain les plus savants commentateurs ont-ils
épuisé leurs efforts pour rattacher à diverses nations, tribus

ou villes de l'antiquité tous les noms des premiers descendants de Noé. Leurs travaux, trop souvent guidés par les lueurs trompeuses de l'étymologie conjecturale, ou influencés par les données capricieuses des ressemblances onomastiques, n'ont point débrouillé le chaos qui résulte de circonstances en apparence contradictoires. En effet, les liens du sang que le texte de la Bible indique entre plusieurs grandes nations, ne concordent avec aucun des témoignages fournis par les sciences ethnographiques, et semblent même en opposition formelle avec le résultat des recherches linguistiques. Les peuples qui se ressemblent le plus par les traditions, les mœurs et le langage, sont précisément ceux que la Genèse classe dans les branches les plus éloignées de la famille humaine, tandis qu'elle reconnaît des liens particuliers de parenté entre des races chez lesquelles on ne constate aucun caractère commun. Ainsi les descendants de Chanaan, issus de Cham, appartiennent tous de la manière la plus incontestable, tant par leur langage que par leurs autres caractères, au groupe des peuples dits sémitiques; ils s'y rencontrent avec les Hébreux, les Assyriens, les Araméens, issus de Sem par Arphaxad, Assur et Aram. Ceux-ci se trouvent également dans un rapport éloigné, mais cependant indubitable, avec les descendants de Mesraïm et de Chus, autres rejetons de Cham. En revanche la race d'Élam, nommé comme le premier des enfants de Sem, se classe forcément dans un groupe profondément distinct dans l'espèce humaine, puisqu'elle parlait une langue agglutinante en contraste complet avec les langages des précédents peuples dont la flexion est un caractère essentiel [1]. Devant de pareilles anomalies, n'y a-t-il aucune

---

[1] Il ne sera peut-être pas inutile de donner ici en quelques mots une idée générale des principes les plus élémentaires de la linguistique. Les langues se divisent en trois grandes classes, suivant qu'elles sont : 1° monosyllabiques; 2° agglutinantes; 3° à flexion. La première classe n'emploie les mots que sous la forme la plus simple, celle de racines invariables, et leur valeur précise n'est indiquée que par la place qu'ils occupent dans la phrase. Dans les langues agglutinantes, les modifications apportées à la valeur des mots, comme le genre, le nombre, etc., sont exprimées par l'addition au radical demeuré invariable d'un élément étranger, lequel conserve après cette incorporation un sens distinct. Dans les langues à flexion la racine elle-même se modifie. Celles-ci se subdivisent en deux classes très-distinctes. Dans les langues à flexion syro-arabes et chamitiques la racine possède toujours trois consonnes qui y restent comme élément invariable, les voyelles variant suivant les modi-

explication possible ? Ce n'est point notre opinion. Nous pensons même qu'il n'y aurait nulle difficulté à trouver une solution à ce problème, à condition toutefois d'éliminer certaine notion qui, par un long usage, a acquis force de prescription, mais qui ne se fonde cependant sur aucune base scientifique susceptible de démonstration.

II

Il n'est point de familles de peuples qui offrent un caractère d'unité plus évident que le groupe dit sémitique. Au point de vue du langage, les idiomes sémitiques présentent le caractère de la plus étroite parenté; ces langues ont entre elles une telle affinité, qu'on pourrait presque les considérer comme des dialectes très-distincts mais alimentés par une source commune, du moins elles ne diffèrent pas davantage que les diverses langues modernes dérivées du latin ne s'écartent de la souche primitive ou ne s'éloignent les unes des autres. Sous le rapport des mœurs, de la trempe d'esprit, des coutumes traditionnelles, la ressemblance n'est pas moins manifeste. Les traits physiques qui caractérisent la race se retrouvent aussi dans ses diverses branches, avec toutes leurs particularités essentielles. Aussi n'est-il point d'expression qui porte avec elle une idée plus claire et plus précise que celles de peuples sémitiques, de langues sémitiques, de type sémitique; il n'est point en ethnologie de terme plus généralement adopté. Mais, si nous nous demandons par quel lien ces peuples, ces langues, ce type, se rattachent au patriarche dont ils empruntent le nom, la valeur de la désignation consacrée nous semblera moins incontestable. Il est certain qu'une partie considérable des populations dites sémitiques, telles que les Chananéens et les Chusites, se rattachaient suivant la Genèse et les plus anciennes traditions à la postérité de Cham et non à celle de Sem. Elles offraient

fications du sens. Dans les langues à flexion de la famille indo-européenne, la racine est souvent monosyllabique et toujours pourvue d'une voyelle fondamentale. Il existe encore d'autres graves différences qu'il est inutile de détailler ici. En voilà assez pour faire comprendre à quel point chacun de ces groupes de langues obéit à des principes opposés.

cependant dans toute sa pureté le caractère qu'un usage constant désigne comme sémitique. Les langues chaldéenne et phénicienne sont au plus haut degré des langues sémitiques, bien qu'une grande partie de ceux qui en faisaient usage ne pussent prétendre à aucun lien de filiation avec la race de Sem. Il devient donc nécessaire de supposer qu'à une époque quelconque les Chananéens notamment ont complètement renoncé à leur langue originaire pour adopter un idiome étranger à leur nation, et c'est un changement que rien n'autorise à présumer, ou il faut admettre qu'il n'y a jamais eu de rapports entre les caractères ethnologiques des divers peuples orientaux et l'origine que leur attribuent, non-seulement le texte de la Genèse, mais encore les traditions communes à tous ces peuples. Avant d'adopter une de ces alternatives, en elles-mêmes peu vraisemblables, nous pensons qu'il est utile de rechercher quel peut être le motif qui a fait désigner comme sémitiques les peuples et les langages du groupe syro-arabe.

L'emploi de cette qualification a une origine qui n'est point douteuse. Le peuple hébreu est sans comparaison celui du groupe syro-arabe dont l'histoire, les lois, la langue et la littérature nous sont le mieux connues; l'Écriture nous apprend qu'Abraham et Jacob étaient issus de Sem; la conséquence naturelle a été de placer avec les Hébreux tous les peuples offrant les mêmes caractères au nombre des Sémites. Cette conclusion doit cependant être regardée comme suspecte, si l'on prend suffisamment en considération les conditions tout à fait extraordinaires dans lesquelles s'est formé le peuple d'Israël.

Il y avait déjà longtemps que des sociétés avancées dans la civilisation peuplaient les bords du Nil comme ceux du Tigre et de l'Euphrate; l'Egypte, l'Assyrie, la Chaldée, comptaient sans doute par millions le nombre de leurs habitants, quand un homme seul, ou, si l'on veut, une seule famille quitta cette dernière contrée pour aller planter sa tente sur la terre de Chanaan. Après lui ses descendants y vécurent pendant un espace de temps considérable, dans un isolement presque total du reste de leur race. A partir de la génération des fils de Jacob, ils s'allièrent fréquemment au sang de Chanaan. Il serait bien extraordinaire qu'ils n'en eussent pris ni la

ressemblance ni le langage, dans le cas même où ils auraient
apporté des bords de l'Euphrate une langue et des mœurs
absolument différentes. Mais il était bien loin d'en être
ainsi. Natif d'Ur en Chaldée, aujourd'hui Mughéir, Abraham
sortait d'une province dont la langue, les traditions, les
mœurs offraient la plus profonde analogie avec celle des
Chananéens, et dont, à tout le moins, une partie notable des
habitants se rattachait comme eux à la race de Cham. S'il
était vrai que les Chamites prédominaient en Chaldée, le type
chaldéen en linguistique, en coutumes, en civilisation, pouvait être celui de la race de Cham plutôt que tout autre ;
Abraham, né et élevé dans ce milieu chaldéen, lui-même un
vrai Chaldéen sous tous les côtés pratiques, pouvait participer
en tout aux traits caractéristiques de la race chamitique, quoique
lui-même Sémite au strict point de vue de la généalogie.

La filiation d'un homme n'est pas du tout la même chose,
selon qu'on la considère sous le rapport de la nationalité ou
seulement par le côté généalogique. En effet, la paternité réelle
est la seule source de la filiation selon le sang ; l'adoption,
qui n'en est qu'une image très-imparfaite, produit toutefois les
mêmes effets au point de vue de la nationalité. Dans les
annales des familles, l'adoption est une singularité tout à fait
exceptionnelle ; son rôle est incomparablement plus grand
dans l'histoire des nations. Depuis que l'espèce humaine vit à
l'état de société, la guerre de peuple à peuple, de tribu à
tribu, a été son régime le plus ordinaire, et toutes les fois
que des instincts féroces n'ont pas dominé à la fois la voix de
l'intérêt et celle de la nature, la politique des vainqueurs les
a toujours portés à s'adjoindre et à s'assimiler les vaincus.
L'esclavage lui-même, la forme la plus rude de l'absorption,
n'a jamais abouti qu'à une assimilation, plus lente il est vrai,
mais aussi plus complète. On peut même dire que l'adoption,
en donnant à ce mot sa plus grande extension, joue dans le
travail de formation des peuples un rôle plus étendu peut-
être que la filiation généalogique, dont l'action est souvent
contre-balancée par les alliances entre différentes races,
mélange qui exerce une influence peu saisissable, mais
d'autant plus forte qu'elle opère d'une manière incessante.
C'est ce dont l'histoire nous fournit mille preuves. Prenons,
par exemple, le peuple romain dans les derniers temps de

la République : les descendants des Romains du siècle des décemvirs, pour ne pas remonter plus loin, n'étaient certainement alors qu'une infime minorité dans le nombre des citoyens de Rome, qui, au point de vue purement généalogique, étaient Étrusques, Sabins, Ombriens, Samnites, ou de toute autre race italique, et même en partie Ligures, Gaulois, Ibères, Grecs ou Asiatiques, mais cependant, sous tous les rapports pratiques, ils étaient de vrais Romains, aussi bien que les descendants des compagnons de Romulus. Sans remonter si loin, dans des conditions toutes différentes, qui refuserait à la France actuelle un rang parmi les nations latines? Cependant, sous le rapport généalogique, il est fort douteux que le sang latin ou même italique, entre pour une vingtième partie dans celui du peuple français. Tant il est vrai que l'influence de la race disparaît aisément devant l'action plus puissante du milieu social.

Qu'une transformation de ce genre se soit opérée, dès la date la plus reculée, dans le bassin, inférieur de l'Euphrate et du Tigre, c'est ce qu'il est impossible de se refuser à admettre. A défaut de toute autre preuve, cela résulterait clairement de ce fait remarquable de la coexistence de deux langages complètement étrangers l'un à l'autre chez les anciens Assyriens et les anciens Babyloniens. L'un est une branche appartenant à la souche syro-arabe, apparentée de près au syriaque, à l'hébreu et au phénicien, et d'un peu plus loin à l'arabe : c'est ce que l'on appelle ordinairement la langue assyrienne ; elle a été d'un usage général en Assyrie et en Chaldée depuis le vingtième siècle au moins avant l'ère chrétienne. Son emploi n'était pas cependant tout à fait exclusif. Jusqu'à la chute de l'empire babylonien il existait en même temps un autre idiome, réduit alors à l'état de langue morte ou de langue savante, mais qui dans les temps antérieurs avait été en usage dans une grande partie du même territoire, et dont il est resté de nombreuses inscriptions. Comme les peuples de l'État babylonien sont désignés le plus souvent, dans ces documents antiques, par les noms de Sumirs et d'Akkads, leur langage primitif a été nommé langue accadienne ou sumérienne ; ces désignations se rapportaient peut-être, dans l'origine, à deux races différentes, mais elles avaient fini par avoir un sens spécialement géographique, comme il sera exposé plus loin.

Nous donnerons provisoirement le nom de langue accadienne
à cette langue morte de l'Assyrie, qui n'est point encore suffisamment étudiée, mais qui appartient certainement à une
classe de langages très-différente de l'assyrien qui, de même
que ses congénères du groupe syro-arabe, est une langue à
flexion, tandis que l'accadien a pour base l'agglutination. Ce
n'est qu'avec beaucoup de réserve qu'il est permis de parler
d'un sujet dont on n'a pas fait soi-même une étude spéciale;
cette réserve devient doublement obligatoire quand les savants
les plus distingués s'accordent mal entre eux sur une pareille
matière. Un orientaliste de réputation, M. Joseph Halévy, a
tenté de révoquer en doute jusqu'à l'existence d'une langue
accadienne, et a voulu considérer les inscriptions qui en révèlent l'existence comme le résultat d'un système particulier et
bizarre de cryptographie assyrienne. Cette opinion n'a point
été admise par les hommes compétents. Les linguistes les
plus éminents qui ont fait de l'accadien le sujet de leurs
études, en constatant son existence comme langue indépen-
dante, croient pouvoir le rattacher au groupe des idiomes
touraniens, ou, si l'on préfère, ouralo-altaïques. Mais on élève
contre l'origine touranienne des Akkads de sérieuses objec-
tions. Les rapports de l'accadien avec les langages dont il
serait le congénère paraissent fort incomplets du côté du vocabulaire et, quant à l'agglutination qui le caractérise, c'est là un
procédé de formation commun au plus grand nombre des
idiomes connus et spécialement à la totalité des langues
parlées par les populations sauvages. Si les peuples de la
famille ouralo-altaïque ont une importance historique de premier ordre parmi ceux qui se servent de langues agglutinantes, rien ne décèle chez eux l'existence d'une civilisation
très-ancienne, et l'on ne saurait oublier que plusieurs tribus
de cette race sont restées jusqu'à nos jours dans un état
de société aussi peu avancée que possible. L'importation
de la civilisation accadienne dans les bassins de la Mésopotamie par l'invasion d'un peuple touranien, est donc
une hypothèse historiquement invraisemblable. Pour expliquer l'état de choses que l'on croit constater au point de vue
linguistique, il n'est cependant pas nécessaire d'adopter cette
hypothèse. Si l'accadien offre un certain degré d'analogie
avec les langues ouralo-altaïques, cette ressemblance est

moins accusée que celle manifestée par les diverses branches
de ce groupe les unes à l'égard des autres ; la séparation du
peuple des Akkads de la race touranienne doit donc remonter
à une date extrêmement reculée. L'immense étendue des
contrées exclusivement occupées par les nations ouralo-
altaïques et le caractère profondément distinct de plusieurs
d'entre elles démontrent l'antiquité de leur développement;
elles semblent avoir formé la couche la plus ancienne de
population dans une grande partie des régions septentrionales
de l'Europe et de l'Asie. Mais ces contrées étaient généralement impropres à l'habitation humaine pendant la période
quaternaire ; il faut donc admettre que la race ouralo-altaïque
n'a acquis son développement géographique qu'après la fin
de cette période et par un mouvement de migration dirigé
du sud vers le nord. D'une autre part, il y a tout lieu de
présumer que dès les temps quaternaires, la civilisation accadienne s'était déjà manifestée en Mésopotamie ; il est donc au
moins inutile de supposer qu'elle est née d'une invasion venue
du septentrion. Ce que l'on peut croire avec plus de vraisemblance, c'est qu'entre ces deux branches de la même race,
l'une, fixée sous un climat plus doux, a progressé rapidement
dès les temps primitifs, tandis que l'autre, établie plus au nord,
inclinait au contraire vers la barbarie ; que la fin de la période
glaciaire ayant agrandi immensément la zone des terres ha-
bitables, celle-ci s'est alors disséminée dans ces régions nouvelles où, peut-être en s'unissant à des peuplades plus sauvages, ses rameaux les plus isolés ont perdu de plus en plus les
traditions de culture sociale qu'ils pouvaient avoir encore con-
servées. C'est là un ordre de choses dont le développement
de la race aryenne nous offre le parallèle exact. Restés concentrés dans une région de l'Orient pendant la période quaternaire, les Aryens se sont, après la fin des temps glaciaires,
dispersés jusqu'aux extrémités les plus reculées de l'Europe ;
mais tandis que les tribus restées les plus voisines du foyer de
la civilisation en recueillaient et en faisaient rapidement fruc-
tifier les bienfaits, les peuplades perdues dans les régions
lointaines de l'Ouest et du Nord sont plus d'une fois descen-
dues à un niveau qui n'établit en leur faveur aucune supériorité sur les Samoïèdes ou les Yakoutes. Considérer les
Akkads et les autres populations analogues de l'Asie méridio-

nale comme une branche de la race touranienne, ce n'est
point envisager la question sous son vrai jour ; ce sont les
Touraniens, ou si l'on veut les peuples de race ouralo-altaïque,
que l'on doit regarder comme sortis d'une branche isolée et
excentrique, mais singulièrement féconde, de la grande famille
qui semble avoir présidé aux premiers développements de la
civilisation. Du reste l'étude des rapports qui unissent l'accadien aux langues ouraliennes et altaïques est encore fort
incomplète. Il ne serait pas moins intéressant de rechercher
les traces de parenté qui se laissent soupçonner entre ce même
accadien et les idiomes agglutinants de la région du Caucase ;
mais ceux-ci offrent tant de traces d'altération et de mélange
avec une foule d'éléments dissemblables, qu'il est douteux que
ce travail puisse fournir des conclusions bien assurées. La
comparaison de l'accadien avec quelques langues mortes de
l'Orient, dont il reste encore un nombre notable d'inscriptions,
produira sans doute un jour des fruits de plus haute valeur.
Il serait surtout utile d'étudier dans ce but les inscriptions
cunéiformes de la haute Susiane, l'Élam des Assyriens et
des Hébreux, dont la population avait sans doute une analogie marquée avec la nation des Akkads, qui lui était limitrophe.

Quoi qu'il en soit, il y a dans le fait de la prédominance de
la langue assyrienne, au sein des contrées où florissaient précédemment un langage et une littérature essentiellement différentes, un phénomène qui ne peut s'expliquer que par
l'invasion d'un peuple nouveau et l'absorption d'une ancienne
nationalité par un élément d'origine étrangère. Cette conclusion est trop naturelle, on peut même dire trop forcée pour
avoir pu être contestée. Mais ce qui par soi-même n'offrait
rien que de fort clair, est devenu très-obscur et très confus
par la facilité avec laquelle on a admis sans opposition ce
principe hypothétique que les peuples du groupe syro-arabe
devaient être nécessairement considérés comme Sémites.
Étant donnée l'extrême conformité du texte de Moïse avec les
traditions chaldéennes, nous ne pouvons douter que les
Assyriens qui se glorifiaient du nom d'Assur, n'aient passé
de tout temps pour être issus de Sem ; en regardant l'élément
qui a prédominé chez eux en dernier lieu comme sémitique.
c'est l'élément ancien qu'il faut considérer comme le produit
de la conquête ; et comme nous connaissons déjà une autre

invasion et une autre conquête de date plus reculée, celle de
la race de Chus sous les lois de Nemrod, ce sont au moins
trois bouleversements complets qu'il nous faut supposer dans
la région du Tigre et de l'Euphrate, quand par le fait une
seule catastrophe de ce genre expliquerait suffisamment l'état
bien constaté des choses. Ce sont au moins trois races bien
distinctes dont nous devrions trouver les traces, quand en
réalité il n'en est que deux qui aient laissé des vestiges. Et
ce n'est pas le seul inconvénient qui résulte de la présomption qui force à considérer les Akkads comme une nation
étrangère et conquérante. Les plus anciennes inscriptions de
la Babylonie sont en langue accadienne, et portent toutefois
des noms de princes appartenant à l'autre idiome, à la langue
assyrienne du groupe syro-arabe : ainsi le langage vulgaire
aurait été alors celui de la race conquérante, qui cependant
aurait obéi à des princes sortis du peuple conquis. Ces consé-
quences sont trop invraisemblables pour ne pas rendre suspectes les prémisses qui ont pu y conduire.

Combien on comprendrait mieux l'ancien état des choses en
Assyrie et en Mésopotamie, si l'on pouvait voir dans la langue
accadienne l'idiome de la population primitive des Sémites, et
dans les divers dialectes syro-arabes le langage propre à la
race de Cham. Dans cette hypothèse, tout s'expliquerait facile-
ment. Nous savons par le texte de la Genèse, corroboré par
diverses données puisées dans les plus anciennes traditions
de l'Orient, que, dès l'époque la plus reculée, une invasion
guidée par le premier des conquérants, celui que la Bible
nomme Nemrod, chamite issu de la race de Chus, le rendit
maître de la Babylonie ou terre de Sennaar, et notamment de
ses quatre principales villes, Babylone, Arach, Achad et Chalanné ; que cette première conquête fut suivie par celle du
pays d'Assur ou Assyrie proprement dite, où Nemrod fonda
quatre autres grandes villes, Ninive, Rohoboth, Chalé et
Resen. Ces indications reportent ces grands événements à un
temps où l'espèce humaine s'était considérablement multipliée dans le bassin de l'Euphrate et du Tigre, et où elle
jouissait déjà d'un assez haut degré de civilisation. Quand la
Genèse nomme Nemrod fils de Chus, elle se sert d'une
expression familière aux Orientaux, dont beaucoup de textes
bibliques fournissent des exemples et dont le sens exact est

qu'il était issu de la race de Chus; ce que confirme du reste le verset précédent qui ne le comprend pas dans l'énumération des enfants de Chus. Il n'y a donc rien que de très-vraisemblable à supposer qu'avant Nemrod la race de Sem et d'Assur constituait déjà une société policée dont la conquête n'entraîna pas la subversion complète. Toutefois, réunie sous les lois du même empire avec la nation de Chus, elle dut en subir la prédominance, et éprouver peu à peu cette action assimilatrice dont un peuple vaincu peut si malaisément se défendre. Ainsi s'expliquerait la décadence graduelle de l'idiome accadien et sa disparition finale devant la langue syro-arabe. On conçoit non moins aisément comment, en de telles circonstances, les noms des souverains appartenaient à ce dernier langage dans les temps mêmes où l'accadien était encore la langue officielle.

Il n'est pas moins facile de s'expliquer les conditions de nationalité et de langage où se trouvait la famille d'Abraham, et par suite celles que présentaient le peuple hébreu et les populations arabes de même origine. On ne saurait douter qu'il ne se soit écoulé un laps de temps fort considérable entre la conquête de Nemrod et l'émigration d'Abraham. Il eût été tout à fait contraire à l'ordre naturel et probable des choses que la famille du patriarche, seule entre plusieurs centaines de mille de ses compatriotes, échappât à l'influence prépondérante de la conquête et s'isolât dans le culte exclusif d'une langue qui tendait à disparaître de l'usage habituel. Remarquons de plus que la patrie d'Abraham, Ur des Chaldéens, que les dernières recherches paraissent identifier avec les ruines qui portent aujourd'hui le nom de Mughéir, était située à mi-chemin entre Babylone et le golfe Persique, par conséquent fort près des limites du territoire primitivement occupé par les Sémites et du patrimoine originaire de la race de Chus; peut-être même était-elle comprise dans cette dernière contrée. Il est donc tout simple qu'un dialecte chaldéen syro-arabe ait été la langue maternelle d'Abraham; comme, en venant se fixer dans la terre de Chanaan, il y retrouvait un autre dialecte peu différent du premier, il devait nécessairement arriver que le peuple sorti de lui eût pour langage national l'idiome propre à la race de Cham, plutôt que celui des premiers Sémites.

En partant de ce point de vue, il ne sera pas sans intérêt

de passer en revue l'énumération des petits-fils de Noé telle que la donne le texte de Moïse. Une partie considérable des noms qui y sont compris étaient encore d'un usage habituel en Assyrie et en Chaldée, comme noms de peuples, vers le temps de la captivité des Juifs à Babylone. Beaucoup d'autres, peut-être même tous les autres, avaient dû avoir la même valeur, sinon du temps de Moïse, du moins au siècle d'Abraham. Cette série de noms a beaucoup exercé les commentateurs, malheureusement sans grand profit, car n'ayant d'autres lumières que des traditions populaires assez suspectes ou les indications plus incertaines encore des étymologies conjecturales et des analogies de son plus ou moins éloignées, ils n'ont guère pu qu'entasser des hypothèses contradictoires ou chimériques. La lecture des écritures cunéiformes est venue présenter une source de notions fort incomplètes, mais beaucoup plus sûres. Malgré notre incompétence, nous allons, en prenant pour guides les interprètes les plus autorisés [1], nous efforcer d'extraire de leurs travaux quelques notions utiles, en les joignant à plusieurs renseignements fournis par des textes bibliques dont le sens paraît généralement accepté.

III

La Genèse cite quatre fils de Cham : Chus, Mesraïm, Phuth et Chanaan.

Le nom de Chus est d'une fréquente occurrence, dans les textes égyptiens ; il n'est pas inconnu dans les inscriptions assyriennes et moins encore dans les pages de la Bible. Pour les Égyptiens, les Assyriens et les Hébreux des temps historiques, la terre de Chus est un synonyme de l'Éthiopie, c'est-à-dire de la Nubie et de l'Abyssinie actuelles ; la race de Chus ou Kousch représente l'élément de population de ces contrées

---

[1] Nous nous bornerons à renvoyer aux deux excellents ouvrages de M. Joachim Ménant : *Annales des rois d'Assyrie*. Paris, Maisonneuve, 1874, grand in-8 ; et *Babylone et la Chaldée*. Paris, Maisonneuve, 1875, grand in-8, C'est la source à laquelle nous emprunterons toutes nos citations, parce qu'elle est la plus accessible à la majorité des lecteurs et que de plus le soin pris par M. Joachim Ménant d'indiquer exactement les documents où il a puisé les textes qu'il a traduits, en permet la vérification à ceux qui voudraient l'entreprendre.

qui est d'origine asiatique. Il n'est pas de point mieux démontré en ethnologie que l'origine des Abyssins et des Nubiens étrangers à la race nègre. Leurs caractères physiques et linguistiques concourent avec les traditions les moins suspectes pour constater qu'ils ont émigré d'Asie en Afrique et pour les rattacher à la race connue sous le titre de sémitique. L'étude des monuments de l'Egypte a de plus établi que, sous les premières dynasties dites de l'*ancien empire,* le territoire de la Nubie n'était occupé que par des peuplades de nègres ; ce n'est que vers le temps de la douzième dynastie que le peuple de Kousch y fait son apparition, et commence à jouer dans l'histoire égyptienne le rôle important qu'il n'a depuis guère cessé d'y remplir. Que cette nouvelle race ait pénétré en Afrique par l'Arabie, c'est ce dont on ne saurait douter ; dans quelques textes bibliques la terre de Chus paraît même se confondre avec l'Arabie occidentale. A une époque antérieure, la race de Chus semble avoir été fixée plus loin encore vers le nord-est et avoir peuplé les rives de tout le fond du golfe Persique, à droite et à gauche du Shat-el-Arab. Sur la rive gauche, la basse Susiane formait au huitième siècle avant notre ère, plusieurs principautés indépendantes du royaume d'Élam qui occupait la partie supérieure de la même contrée. Ces, petits États, qui prenaient le nom de leurs capitales, Gambul, Bet-Iakin et Dilmun, étaient peuplés de Chaldéens, et ceux-ci différaient absolument des Élamites par la race et par le langage. La province dont ils faisaient partie, aujourd'hui comprise dans la Perse, garde encore de nos jours le nom de Kouschistan. La race de Chus ne dominait sans doute pas moins sur la rive droite du Shat-el-Arab, dans la contrée qui pendant longtemps a été seule connue sous le nom de Chaldée. En effet, si, dans l'usage général, la Chaldée se confond avec l'Irak-Arabi de nos jours, on ne lui a donné cette extension que depuis la formation du grand empire babylonien sous une dynastie chaldéenne, 625 ans avant l'ère chrétienne. Antérieurement à cette époque, ainsi que le P. Delattre en a donné ici même la démonstration la plus convaincante [1], la Chaldée ne comprenait pas dans ses limites la Babylonie elle-même. Située plus au midi sur les bords de

---

[1] Voir la *Revue* t. XXI, p. 536 (1ᵉʳ avril 1877).

l'Euphrate, la Chaldée occupait la rive gauche de ce fleuve à partir du point où, après avoir coulé au-dessous de Babylone du nord-ouest au sud-est, il s'infléchit davantage vers l'est pour se rapprocher du Tigre et former avec lui le Shat-el-Arab. Dans ces limites cette province, la Kaldu des inscriptions assyriennes, formait avec la partie inférieure du Kouschistan la patrie du peuple chaldéen. C'est sans doute de là qu'il était sorti, sous la conduite de Nemrod, pour envahir le pays des Sumirs et des Akkads ou Babylonie, puis la terre d'Assur ou Assyrie. Mais, s'il avait dès lors acquis sur ces contrées une prépondérance politique, il fut longtemps avant de leur imposer sa nationalité et d'y faire régner sans partage la langue de la Chaldée. En lutte pendant des siècles avec l'idiome accadien dans le territoire de la Babylonie, l'assyro-chaldéen ne paraît pas avoir connu les mêmes vicissitudes sur son terrain primitif. A Ur-Kasdim, la patrie d'Abraham, un des centres les plus importants et les plus populeux de l'ancienne Chaldée, les inscriptions des dates les plus reculées dénotent déjà l'emploi de la flexion syro-arabe, et l'on est en droit de douter que l'usage de la langue agglutinante des Akkads y ait jamais dominé [1]. C'est là que se manifestent les plus anciens vestiges du langage que l'on s'est habitué à nommer sémitique, et c'est pourtant de tout l'empire de Nemrod la province qui peut revendiquer avec le plus de vraisemblance le titre de patrimoine primitif de la race de Chus.

Le nom de Mesraïm est dans la Genèse le nom du second fils de Cham, et dans la langue des Hébreux celui de l'Égypte elle-même. Les autres dialectes syro-arabes, depuis l'assyro-chaldéen jusqu'à l'arabe moderne, emploient le même mot dans un sens identique, sous des formes qui ne diffèrent en rien d'essentiel. Les données fournies par le texte sacré sont donc ici encore corroborées par une tradition commune à tout l'Orient. Nous avons déjà fait allusion aux traits de ressemblance qui unissent la civilisation primitive de l'Égypte à celle de la Chaldée. Il faudrait un travail étendu et approfondi pour les faire ressortir sous toutes leurs faces. Arrêtons-nous à une seule. L'Égypte ne possède point de monument

---

[1] Joachim Ménant : *Babylone et la Chaldée*, p. 77, 78, 79 et 82.

ancien de quelque importance auquel on puisse assigner une
date plus reculée qu'aux pyramides à grands degrés de
Saqqarah, puisqu'il en est dont on fait remonter la construc-
tion à la deuxième dynastie de Manéthon. L'analogie de ces
édifices avec les tours à étages des bords de l'Euphrate
est trop étroite pour qu'on puisse se défendre de les rapporter
les uns et les autres à un type commun. De tous les arts de
la civilisation, l'architecture est un de ceux où les ressemblances fortuites sont le moins admissibles.

Les rapports primitifs de l'Égypte et de la Chaldée peuvent
aussi recevoir quelque lumière des études linguistiques.
Entre les langues dites sémitiques, ou pour mieux dire
syro-arabes, et les idiomes auxquels on a réservé jusqu'à ce
jour le nom de chamitiques, au premier rang desquels se
place l'égyptien, il y a un lien de filiation aujourd'hui généralement reconnu. Mais, comme le dit M. Frédéric Muller,
« leur parenté est plutôt dans l'identité de l'organisme que
dans la coïncidence des formes toutes faites. » L'égyptien
participe largement des langues syro-arabes en ce qu'il y a
de plus fondamental, de plus philosophique ; il en diffère
considérablement par le vocabulaire. Supposons un noyau
d'hommes civilisés se fixant au milieu d'une population
sauvage et l'élevant à son niveau pour ne former avec elle
qu'une même nation, ce résultat serait en matière de langage
celui qu'on pourrait le plus vraisemblablement attendre. Et ce
n'est pas sous cet unique rapport qu'on peut entrevoir les traces
d'un pareil mélange. Au point de vue anthropologique, la race
égyptienne offre un caractère propre bien accusé. Les statues
et les monuments que son antique et brillante civilisation a
laissés en si grand nombre, ont donné du type égyptien un
modèle qui ne permet de le confondre avec aucun autre. Il
est donc digne de remarque que les plus anciennes statues,
remontant aux premières dynasties, nous représentent de
grands personnages dont les traits s'écartent beaucoup du
type national et se rapprochent au contraire sensiblement de
ceux qui étaient communs aux autres peuples civilisés de
l'antiquité comme à la plupart des nations européennes de
nos jours. Il semble donc que le type égyptien s'est formé
par le mélange de deux populations, dont l'une n'offrait point
de caractère physiologique très-tranché, et dont l'autre devait

ressembler à quelques-unes des peuplades qui subsistent encore en Nubie.

L'examen de l'état social de l'ancienne Égypte conduirait encore au même résultat. Cette longue expérience du genre humain, dont l'histoire enregistre les leçons dans ses archives, nous apprend que le régime des castes, ou celui des classes aussi nettement délimitées qu'elles le furent en Égypte, n'est jamais né au sein d'une nation homogène; qu'il suppose toujours une invasion ou du moins une immigration; enfin qu'il indique une différence notable dans le degré de culture sociale atteint par les éléments qui ont concouru à le fonder. De quelque côté que nous envisagions l'origine du peuple égyptien, tout nous porte donc à en revenir à la même hypothèse : celle d'une émigration partie de la Chaldée, qui serait venue apporter la civilisation à des tribus sauvages établies déjà sur les bords du Nil. Des événements de ce genre se sont renouvelés bien des fois en diverses parties du globe; toutefois la colonisation de l'Égypte par la race de Mesraïm mérite une attention d'autant plus particulière, qu'elle remonte à une date plus reculée et qu'elle a donné naissance à une des civilisations les plus brillantes de l'antiquité, comme aussi à celle dont le caractère est le plus indépendant de toute influence étrangère.

Le nom de Phuth, troisième fils de Cham, ne s'est pas jusqu'à présent révélé dans les textes assyriens. La Bible ne nous donne sur sa race et sur la région qu'elle a occupée aucune notion de nature à nous guider. Les égyptologues voient une analogie marquée entre ce nom et celui d'une contrée désignée par les anciens Égyptiens comme le pays de Pount et comprise dans l'étendue de la péninsule arabique. La race de Phuth aurait donc appartenu au groupe syro-arabe. Les hypothèses plus hasardées des anciens interprètes, qui cherchaient la postérité de Phuth en Lybie ou dans la région la plus méridionale de l'Asie Mineure, ne conduiraient pas d'ailleurs à des conclusions trop éloignées des précédentes.

Nous connaissons beaucoup mieux Chanaan, le dernier des enfants de Cham. Il a toujours été regardé comme l'auteur des Phéniciens, des anciens habitants de la Palestine et d'une partie considérable des populations syriennes. Les textes bibliques surabondent en preuves de ce fait; le témoignage des autres peuples de l'antiquité n'est pas moins formel. Heth, un des fils de Chanaan, a donné son nom aux Héthéens de l'Écriture, les Khêtas des Égyptiens, les Khattis des inscriptions assyriennes. Ce peuple a rempli pendant des siècles un rôle tellement prépondérant dans toute la région située entre l'Euphrate et la Méditerranée, que son nom est communément appliqué à toutes les nations congénères, tant par les documents hiéroglyphiques que par les écritures cunéiformes. Les populations chananéennes étaient au nombre des plus homogènes parmi celles du groupe syro-arabe; rien n'indique qu'elles aient subi l'influence d'une conquête ou d'une immigration étrangère, et l'on imaginerait difficilement un classement moins motivé que celui qui les a fait désigner comme des nations sémitiques; elles offrent d'ailleurs le type le plus pur de celles auxquelles on accorde ce nom.

La Syrie n'était pas le berceau primitif des peuples chananéens. Une tradition fort ancienne, mais assez généralement répandue pour nous avoir été transmise par plusieurs des principaux auteurs de l'antiquité, Hérodote, Trogue-Pompée, Pline, Strabon, relatée aussi par quelques-uns des premiers écrivains arabes, nous apprend que les nations de la Phénicie et de la Syrie avaient été d'abord fixées sur les côtes sud-ouest du golfe Persique. Leur présence sur les rivages de la Méditerranée, inconnue aux documents des premières dynasties égyptiennes, ne peut en effet être attribuée à des temps antérieurs à la fin de la période quaternaire. Jusque là des tribus sauvages et troglodytes peuplaient seules la Palestine, comme les diverses régions de l'Europe, et d'énormes glaciers occupaient encore les beaux vallons du Liban. Par contre, les côtes arabiques du golfe Persique, aujourd'hui calcinées par un climat dévorant, devaient offrir alors une patrie beaucoup plus séduisante au peuple de Chanaan. Le bouleversement climatérique, qui a marqué le terme des temps quaternaires, suffirait à expliquer le déplacement de cette race et son émigration vers une région désormais plus favorisée.

IV

La descendance de Sem est classée par la Genèse sous les noms de ses cinq fils : Élam, Assur, Arphaxad, Lud et Aram. Celui d'Élam a été employé comme nom de peuple pendant toute l'antiquité ; c'est ainsi que le texte biblique en fait usage ; les inscriptions assyriennes le reproduisent très-fréquemment. Jusqu'au septième siècle avant l'ère chrétienne, les Élamites étaient une des nations les plus puissantes de l'Asie, et les monarques d'Élam, dont la succession remontait à une extrême antiquité, avaient été plus d'une fois des voisins redoutables pour les rois d'Assyrie et de Babylone. Leur état succomba sous les coups de Sennachérib et surtout de son petit-fils Assurbanipal, vers l'an 660. Dépeuplé par des guerres exterminatrices et par les transplantations en masse auxquelles les conquérants assyriens soumettaient les peuples vaincus, privé de ses souverains et de ses grands, le pays d'Élam perdit son indépendance nationale ; ses souvenirs, ses monuments, son histoire et sa langue elle-même disparurent, laissant à peine quelques faibles traces de l'existence d'un grand peuple. Aujourd'hui encore, son passé est pour nous un inconnu qui attend sa révélation des découvertes que l'avenir nous garde sans doute en réserve.

Avant sa conquête par les Assyriens, le royaume d'Élam comprenait la haute Susiane ou partie septentrionale du Kouschistan actuel, avec l'Élymaïde, aujourd'hui Louristan, et même une province située sur le grand plateau de la Médie entre le Kurdistan persan et le Farsistan, et nommée par les Assyriens pays de Ras [1]. Cet État était borné au sud-est par les tribus indépendantes de la Perse primitive ; au sud, par les petites principautés chaldéennes de Dilmun, de Bet-Yakin et de Gambul ; à l'ouest, par les populations autonomes, mais soumises à la suprématie de la Chaldée, qui portaient, comme nous le verrons plus loin, le nom d'Aram ; au nord-ouest, par la portion de la Babylonie

---

[1] Peut-être la Parétacène des Grecs. Joachim Ménant : *Annales des rois d'Assyrie*, p. 172.

alors désignée comme le pays des Akkads, et par le pays de
Namri ou de Kharkhar, le Kurdistan persan de nos jours;
enfin, au nord, par le grand plateau de l'Irak-Adjémi, auquel
les Assyriens donnaient le nom de pays d'Illipi et qui s'est
nommé depuis la Médie. Parmi ces contrées, la plupart différaient complétement du pays d'Élam par la race, la religion
ou le langage. Dans les pays de Namri et d'Illipi, le fond de
la population paraît avoir été élamite, ou si l'on veut élamoïde,
quoique ce caractère tendît à s'affaiblir sous une domination
assyrienne dans la première de ces contrées, et mède ou
plutôt madaïte dans la seconde. Néanmoins il y a lieu de
croire que la langue d'Élam y prédominait encore, et qu'elle
continua même à y être en usage jusqu'aux temps de l'empire des Perses. Cet idiome, qui nous a été transmis par
des inscriptions dont on n'a jusqu'à présent recueilli qu'un
très-petit nombre, et qui n'a point en conséquence été suffisamment étudié, appartenait à la classe des langues agglutinantes; il mériterait d'être soigneusement comparé à la
langue accadienne, avec laquelle, assure-t-on, il offre de très-
notables différences. L'exploration complète des antiquités
de la Susiane, que des obstacles multipliés ont jusqu'à ce
jour entravée, viendra sans doute résoudre plus d'une question actuellement fort obscure. S'il est vrai que cette contrée
renferme encore des inscriptions hiéroglyphiques, elle four-
nira peut-être des documents d'une antiquité beaucoup plus
reculée que tout ce que l'Assyrie et la Chaldée nous ont
donné de plus ancien, et l'on peut espérer qu'une lumière
nouvelle éclairera quelques-uns des problèmes les plus impé-
nétrables que nous offre l'histoire du genre humain.

Le nom d'Assur a toujours été employé, par l'Écriture
sainte et par les inscriptions assyro-chaldéennes, comme le
nom du pays d'Assyrie. Le double emploi d'un même terme,
comme expression géographique et comme désignation
d'homme, a jeté quelque doute sur le vrai sens d'un verset
de la Genèse [1] où il est question des conquêtes de Nemrod.
Dans la première acception du nom d'Assur, ce passage
signifierait que Nemrod, sortant de la Babylonie qu'il avait
précédemment subjuguée, s'empara de l'Assyrie et y fonda

---

[1] Chap. x, ℣ 11.

quatre villes, Ninive, Rohoboth, Chalê et Resen. Selon le second mode d'interprétation, ce serait Assur lui-même, fils de Sem, qui aurait quitté les environs de Babylone pour bâtir les cités assyriennes. Cette dernière version n'est guère acceptable, le genre humain ne pouvant s'être tellement multiplié dès le temps des petits-fils de Noé, qu'un pareil nombre de villes pût être peuplé par un seul de ses rameaux. D'ailleurs le prophète Michée désigne l'Assyrie sous le nom de terre de Nemrod [1], ce qui prouve que le souvenir de ses conquêtes en ce pays n'était point encore effacé dans un siècle déjà bien éloigné des âges primitifs. Au point de vue de l'ethnologie et de la linguistique, l'Assyrie des temps historiques offre le même phénomène que la Babylonie, l'existence simultanée des deux mêmes langages, l'assyro-chaldéen comme langue vulgaire, l'accadien comme langue savante. Un effet semblable devant, sauf preuve contraire, être rapporté à une cause identique, nous pouvons en conclure que, de même qu'à Babylone, une invasion venue du sud avait fait prédominer le dialecte à flexion syro-arabe sur l'idiome agglutinant des premiers Sémites. Cette conclusion acquiert un degré de plus de vraisemblance si l'on considère que l'Assyrie proprement dite, bornée au sud par le pays des Akkads, dont les conditions ethnologiques étaient les mêmes, avait pour frontières au levant, au nord et même en partie au couchant, les montagnes du Kourdistan, de l'Arménie et du Diarbékir, toutes occupées par des populations à langue agglutinante, que l'on désigne souvent comme touraniennes et qu'il serait peut-être préférable de nommer élamoïdes. Une telle situation géographique ajoute à la probabilité de l'opinion qui classerait les premiers habitants de l'Assyrie dans le même groupe. Cette race primitive, conquise mais restée en possession de sa patrie, avait conservé un assez grand degré d'esprit national pour faire figurer au rang de ses dieux Assur le premier de ses ancêtres.

Nous savons que le père des croyants se rattachait par sa filiation à Arphaxad nommé par la Genèse comme le troisième fils de Sem. Il est naturel que nous cherchions en conséquence non loin de la Chaldée, berceau d'Abraham, la contrée

[1] Chap. v, ℣ 6.

peuplée par la race d'Arphaxad. Nous la trouverons aisément dans le pays des Akkads que le lit de l'Euphrate séparait seul d'Ur-Kasdim, aujourd'hui Mughéir, lieu de naissance du patriarche [1]. Nous n'avons pas à revenir sur ce qu'étaient les Akkads au point de vue de la race et du langage : nous ne pouvons voir en eux qu'une population élamoïde à langue agglutinante, que la conquête chaldéenne avait soumise à une influence étrangère sous laquelle elle tendait sans cesse à se transformer totalement. Ce qu'il est utile de préciser davantage, c'est la valeur exacte de l'expression de *pays des Akkads* si souvent employée par les textes assyriens. On trouve plus fréquemment encore le terme complexe de *pays des Sumirs et des Akkads*, qui désigne alors sans aucun doute la Babylonie dans toute son étendue, à l'exclusion de la Chaldée primitive située sur la rive droite de l'Euphrate, à partir d'un point peu éloigné de Mughéir vers le nord-ouest jusqu'à son embouchure dans le golfe Persique. L'expression de *pays des Akkads* n'est-elle qu'une forme réduite mais synonyme, ne faisant allusion qu'à une seule des races qui concouraient à peupler la même contrée? Nous ne le pensons pas. Si l'on compare soigneusement les textes où sont employées l'une et l'autre désignation et ceux, bien plus rares il est vrai, où il est seulement question du *pays des Sumirs*, il sera difficile de ne pas considérer les Sumirs et les Akkads comme les habitants de deux régions distinctes dans la Babylonie [2].

Tracer les limites exactes de ces deux contrées ne serait pas aujourd'hui chose possible. Ce que l'on peut dire avec le plus de probabilité, c'est que le lit même de l'Euphrate les séparait,

---

[1] Joachim Ménant : *Babylone et la Chaldée*, p. 71.

[2] Nous n'entreprendrons pas de citer tous les textes qui jettent quelque jour sur la valeur réelle des noms de *pays des Akkads* et de *pays des Sumirs*. Nous indiquerons cependant deux inscriptions relatives à Babylone, dont l'une, de Tuklat-pal-asar I (1130 avant J.-C.), place formellement cette capitale dans le pays de Akkads (Joachim Ménant : *Annales des rois d'Assyrie*, p. 50); et l'autre, de Sennachérib, semble au contraire l'en exclure (*Ibid.* p. 28). L'opposition des pays des Sumirs et des Akkads est bien indiquée dans le texte suivant de Samsi-bin (822 avant J.-C.) : « Le territoire du pays d'Assur s'étendit alors.... depuis la ville de Zaddi, située dans la province d'Akkad, jusqu'au pays des Sumirs. » (*Ibid.*, p. 120.) La ville de Zaddi était peu éloignée des rives du Zab : « Dans ma quatrième campagne (819), continue « Samsi-bin, j'ai marché contre le pays de Kar-Dunias (Babylonie), j'ai « franchi le fleuve Zaban près des villes de Zaddi et de Zaban ; j'ai pénétré « dans les ravins des montagnes, etc. » (*Ibid.*, p. 122.)

au moins dans une partie considérable de son cours, et c'est ainsi qu'on peut expliquer le plus vraisemblablement le soin avec lequel les noms des Sumirs et des Akkads se trouvent associés quand il est question des grandes cités riveraines de l'Euphrate, comme Babylone et Sippara, qui s'étendant sur les deux rives du fleuve n'appartenaient en propre ni à l'un ni à l'autre de ces peuples. Le territoire des Akkads comprenait toute la partie de la Babylonie située au nord du Tigre jusqu'au Zab et aux montagnes qui dépendent de la chaîne des monts Zagros : c'est ainsi qu'il est question dans les textes cunéiformes de montagnes situées dans le pays des Akkads[1]. C'est au même peuple qu'appartenait la région mésopotamienne s'étendant depuis l'isthme que le Tigre et l'Euphrate forment à l'ouest de Bagdad en rapprochant leurs cours pour leur donner ensuite une direction divergente, jusqu'au grand bras du Tigre qui se sépare de ce fleuve pour couler droit au sud et se réunir à l'Euphrate, et qui est aujourd'hui connue sous le nom de Shat-el-Hié. Les Sumirs possédaient exclusivement, pensons-nous, toute la partie de la Babylonie située sur la rive droite de l'Euphrate au-dessus du territoire de la Chaldée proprement dite; peut-être occupaient-ils aussi sur la rive gauche du fleuve les districts qui se trouvent au nord-ouest de Bagdad et au sud du désert mésopotamien[2]. Mais une question de plus d'importance, pour l'éclaircissement de laquelle les éléments nous font jusqu'à présent complètement défaut, c'est la position réelle des Sumirs en ethnologie. Appartenaient-ils à la même race que les Akkads ou à celle des Chaldéens? Peut-on voir en eux des descendants de Sem ou des Chamites ? Avaient-ils parlé d'abord la langue agglutinante devenue langue morte près de vingt siècles avant notre ère ? Avaient-ils au contraire toujours fait usage d'un langage à flexion du groupe syro-arabe? C'est un problème dont il serait peu sûr de prétendre dès aujourd'hui fournir la solution.

On objectera peut-être à l'identification du peuple des Akkads avec la race d'Arphaxad, l'opinion assez généralement admise qui rattache le nom de ce patriarche à l'Arménie. Mais il n'y a en réalité aucune contradiction entre ces données différentes ;

[1] Joachim Ménant: *Babylone et Chaldée*, p. 130. *Annales des rois d'Assyrie*, p. 99, 122 et 235.
[2] *Ibid.*, p. 140.

loin de là, elles se prêtent un mutuel appui. Les textes cunéiformes laissent entrevoir des rapports d'origine entre les Akkads et quelques nations de l'Arménie, notamment le peuple auquel ils donnent le nom d'Urarthu : « Il y a plus, dit M. Joachim Ménant, certains passages tendent à établir l'identité des peuples de l'Urarthu et des Akkads [1]. » Ceci ne saurait être embarrassant que pour ceux qui classent la race d'Arphaxad dans le groupe des peuples syro-arabes, puisqu'il est certain que les idiomes de ce groupe, mal à propos nommé sémitique, n'ont jamais servi de langue nationale à l'Arménie. Si l'arménien moderne, de même que les dialectes qui l'ont précédé depuis le septième siècle avant l'ère chrétienne, appartient incontestablement à la famille des langues indo-européennes, il résulte des textes cunéiformes qu'antérieurement à cette époque la plus grande partie de l'Arménie parlait encore un idiome agglutinant qui permet d'en classer la population aborigène parmi les peuples élamoïdes. Il serait à désirer de pouvoir donner à cet égard des notions détaillées sur l'état ancien de l'Arménie, mais c'est loin d'être chose facile. Avant la conquête assyrienne, cette contrée était partagée entre une multitude de petits états indépendants dont la situation est rarement indiquée d'une manière intelligible. Rien d'irrégulier et d'embrouillé comme la nomenclature géographique des Assyriens ; le même district y est souvent désigné par plusieurs noms différents, tantôt celui du peuple qui l'occupait, tantôt celui d'un fleuve ou d'une montagne qui en était le trait naturel le plus marquant, souvent le nom de la cité la plus importante, quelquefois le nom du prince qui y régnait ou même qui y avait précédemment régné. Au milieu de ce labyrinthe de notions confuses, il nous semble que les populations élamoïdes que l'on peut attribuer à la race d'Arphaxad s'étendaient fort loin du côté du nord, mais qu'elles étaient entremêlées dans cette direction avec des peuples de race aryenne dont quelques tribus occupaient même plusieurs districts au centre de l'Arménie. A l'ouest, les Élamoïdes atteignaient les rives de l'Euphrate, où ils se rencontraient avec la puissante nation des Mosques de langue indo-européenne, et plus au sud, du côté du pays de Khummuk ou

---

[1] *Annales des rois d'Assyrie*, p. 14.

Commagène, avec des Khattis du groupe syro-arabe. A l'est, ils peuplaient la partie occidentale de l'Atropatène, l'Adjerbaïdjan actuel, connue des Assyriens sous les noms de pays d'Arrapka, de Mattu et autres, tandis que la région orientale de la même contrée jusque vers la mer Caspienne était occupée par une race aryenne. Au midi enfin, les Élamoïdes dominaient dans le pays abrupt qui s'étend au nord de l'Assyrie, dans le haut bassin du Tigre, la province aujourd'hui nommée le Diarbékir, et même dans une partie considérable de la région montagneuse de la Mésopotamie septentrionale. Telles étaient encore leurs limites au neuvième siècle avant notre ère, mais elles commencèrent dès lors à reculer devant les agressions continuelles et la conquête exterminatrice des Assyriens. Ce furent ces malheureuses populations, trop divisées pour offrir une résistance efficace, qui furent les victimes habituelles des victoires d'Assur-nasir-habal et des massacres atroces dont les faisait suivre ce tyran, un des plus abominables monstres qui aient souillé l'espèce humaine. Ses dignes successeurs, Salmanasar, Samsi-bin, Bin-nirari, ne cessèrent de marcher sur ses traces [1]. Plus tard, une autre dynastie vint occuper le trône d'Assyrie et y apporter, sinon les mêmes instincts sanguinaires, du moins un esprit de conquête plus systématique, dont les résultats furent encore plus irrémédiables. Sous Sarkin, sous Sennachérib, sous Assarhaddon [2], le passage des légions victorieuses d'Assur était suivi de la déportation en masse des peuples vaincus qui, transplantés dans des régions éloignées, allaient, en y perdant tout caractère propre, y affaiblir et y ruiner la nationalité d'une autre race. De cette époque datent le bouleversement absolu des éléments ethnologiques de l'Asie, le mélange complet de toutes les populations de diverse origine, l'oubli des souvenirs des époques primitives, la disparition des langues antiques et l'altération plus ou moins profonde de celles qui survécurent. Malgré la prodigieuse ténacité des peuples orientaux à conserver les traditions de leurs pères, un petit nombre d'entre eux purent garder intact le cachet de leur origine. Ce fut alors le moment du triomphe du sémitisme, ou pour parler plus exactement, de la langue et des

---

[1] De 857 à 780 avant J.-C.
[2] De 721 à 669 avant J.-C.

institutions chamites propagées par les armes victorieuses d'une nation issue de Sem. Mais la prédominance de cet élément ne s'étendit pas aux montagnes de l'Arménie. Cette région abrupte vit remplacer peu à peu ses anciens habitants exilés ou égorgés par des populations voisines, et c'est ainsi que la race indo-européenne, gagnant insensiblement du terrain, vint constituer le peuple des Arméniens. Peut-être quelques cantons écartés purent-ils fournir un refuge aux restes proscrits des nations vaincues ; aussi ne serait-il pas étonnant que dans la région du Caucase, où règnent plusieurs idiomes agglutinants étrangers au groupe des langues ouralo-altaïques, on pût démêler quelques traces de l'élément élamoïde. Mais c'est un travail qui reste encore à faire.

On s'est demandé quelquefois si, en présumant une communauté de race entre les premiers habitants de l'Arménie et les Akkads de la Babylonie, les uns ou les autres devaient être considérés comme la souche primitive dont l'autre branche serait sortie. Sur ce point, il est un genre d'indications qui nous semble devoir dominer tout autre élément de preuve. Comme nous l'avons fait remarquer précédemment, il y a tout lieu de croire que la civilisation n'a pu se développer en Babylonie que sous le climat plus tempéré de la période quaternaire ; or à cette époque l'Arménie, composée presque tout entière de montagnes et de plateaux très-élevés, dont le climat est rigoureux même de nos jours, devait être absolument impropre à l'habitation humaine ou tout au plus n'offrir de ressources pendant l'été qu'à quelques tribus de chasseurs. A moins donc de supposer que les Akkads n'aient été précédés dans la région mésopotamienne par une autre race, ce dont il ne reste aucun vestige, il faut les regarder comme en étant aborigènes. On pourrait sans invraisemblance attribuer au changement climatérique qui amena la fin de la période glaciaire, l'émigration d'une partie de ce peuple et son établissement dans les montagnes de l'Arménie.

La race de Lud, nommée la quatrième parmi les enfants de Sem, est celle qui nous est la moins connue. Son nom ne se retrouve qu'appliqué aux Lydiens, dont l'apparition en Asie Mineure se trouvant comprise dans les limites des traditions helléniques, ne peut guère être attribuée à une époque plus ancienne que quinze ou vingt siècles avant l'ère chrétienne.

Quelle était auparavant la demeure de la race de Lud? On tombe ici dans le champ des conjectures. La partie centrale de la Mésopotamie, le bassin du Chaboras [1] en particulier, mériteraient d'être étudiés à ce point de vue. Quoi qu'il en soit, dans les bornes des temps historiques, les descendants de Lud devaient être comptés au nombre des Sémites chamitisés.

Le nom d'Aram est un de ceux qui sont entrés le plus largement dans l'usage général, et il est peu de désignations plus communément adoptées que celle de *peuples araméens* employée pour indiquer les anciens habitants de la Syrie. Cependant la présomption qui rattache les Syriens à Aram, fils de Sem, nous semble, il faut bien l'avouer, des plus suspectes. Pour les anciens Égyptiens et pour les Assyriens, les Syriens étaient des Khêtas ou des Khattis, deux formes qui diffèrent par l'orthographe, mais qui sans doute s'identifiaient dans la prononciation [2] et qui répondent aux Héthéens de la Bible, c'est-à-dire que pour eux les Syriens étaient des Chananéens: Heth est nommé par la Genèse parmi les fils de Chanaan. Les textes égyptiens et cunéiformes ne laissent d'ailleurs entrevoir aucune différence de nationalité entre les Phéniciens et les autres habitants de la Syrie. Cependant il est vrai que, dans le langage habituel de l'Écriture sainte et même sur certaines inscriptions assyriennes, le nom d'Aram sert à désigner la région assyrienne qui s'étend entre l'Anti-Liban et l'Euphrate. C'était là pour les Assyriens et les Hébreux le pays d'Aram-Sobah [3], fort distinct d'un autre pays d'Aram bien plus souvent cité dans les textes cunéiformes et que la Bible nomme Aram-Naharaïm, c'est-à-dire Aram des deux fleuves ou Aram mésopotamienne. Les interprètes ont généralement cherché cette dernière contrée le plus près possible de l'Aram de Syrie à l'extrémité occidentale de la Mésopotamie. Le nom d'Aram des deux fleuves s'applique, il est vrai, assez mal à cette région qui, si elle est circonscrite par l'Euphrate, est en revanche fort éloignée du Tigre, dont la séparent des mon-

---

[1] Aujourd'hui le Khabour.

[2] Il est bon de remarquer que la voyelle assyrienne que nous rendons par un *i*, semble avoir été souvent prononcé *aye*. Il en est de même dans la langue anglaise.

[3] Ou Aram-Saba. Joachim Ménant: *Annales des rois d'Assyrie*, p. 200.

tagnes importantes, longtemps occupées par une foule de petits
états indépendants. Mais ce qu'on peut objecter de beaucoup
plus grave à ce système, c'est qu'il est en contradiction complète avec un grand nombre de textes assyriens[1]. Ce point est
assez important pour qu'il soit bon d'entrer à cet égard dans
quelques développements.

Dans l'inscription de l'obélisque découvert par M. Loftus,
parmi les ruines du palais situé à l'angle sud-est de la
plate-forme de Nimroud, monument qui date du règne de
Samsi-bin[2], il est question d'une guerre entre ce prince assyrien et Marduk-balat-irib, roi de Babylone; celui-ci avait sous
ses ordres des troupes du pays de Kaldu[3], du pays d'Élam[4],
du pays de Namri[5], enfin du pays d'Aram[6]. Ce premier passage, peu concluant, il est vrai, s'appliquerait cependant mieux
à un Aram situé dans la basse Mésopotamie qu'à la région
lointaine qui avoisine le nord de la Syrie.

Une inscription du règne de Tuklat-pal-asar II[7] est beaucoup plus déterminante : « J'ai gouverné, dit ce prince, le
« pays d'Arumu dans son ensemble, situé sur les bords du
« fleuve Diglat et du fleuve Surapi, jusqu'au fleuve Ukni qui
« se jette dans la mer inférieure[8]. » Le Diglat est le nom que
porte encore aujourd'hui le Tigre; la mer inférieure est incontestablement le golfe Persique : le fleuve Ukni ne peut donc
être que la grande rivière qui traverse la Susiane, le Choaspes
des anciens; le Surapi est probablement le Shat-el-hiè, cette
grande dérivation du Tigre, qui coulant du nord au sud dans

---

[1] Certains passages des inscriptions assyriennes pourraient faire croire à
l'existence d'un pays d'Arami ou d'Aruma situé dans les montagnes qui
séparent la Syrie de l'Arménie (*Annales des rois d'Assyrie*, p. 38, 39, 98, 100) ;
mais un examen attentif convaincra que cette expression n'a point une valeur
ethnique. Il s'agit seulement des possessions de plusieurs princes de ce nom
tels qu'Arami, roi du pays d'Urarthu (*Ibid.*, p. 106, 110, 115), Arami, fils de
Gasi (*Ibid.*, p. 108, 112), Aruma, fils d'Aguri (*Ibid.*, p. 108). Arumi et Arami,
(*Ibid.*, p. 114). On trouve une ville nommée Arimu dans le pays de Naïri
(Diarbékir. *Ibid.* p. 122.)
[2] L'an 822 avant J.-C.
[3] La Chaldée.
[4] La haute Susiane.
[5] Le bassin supérieur du fleuve Kerkhah.
[6] Joachim Ménant : *Annales des rois d'Assyrie*, p. 123 ; *Babylone et la Chaldée*, p. 136.
[7] L'an 744 avant J.-C.
[8] *Annales des rois d'Assyrie*, p. 139.

les plaines basses de la Mésopotamie, va se jeter dans l'Euphrate au-dessus d'Abou-Shareïn, l'ancienne Eridu ou Rata. Quant à la forme Arumu, elle est très-certainement un équivalent d Aram.

Ce passage nous permet de concevoir une idée assez précise de la situation géographique d'Aram de Mésopotamie. Cette contrée comprenait la grande île qui forme l'extrémité orientale de la région mésopotamienne, circonscrite par le cours du Tigre au nord et à l'est, par l'Euphrate au sud, et par le Shat-el-hiè à l'ouest. Le pays d'Aram s'étendait de plus à quelque distance de la rive gauche du Tigre et se trouvait ainsi sur un parcours très-étendu, limitrophe du pays d'Élam. Au point de vue politique le peuple d'Aram, resserré entre les trois puissantes nations des Akkads ou Babyloniens, des Chaldéens et des Élamites, avait vu toute possibilité d'extension paralysée par un pareil contact ; il gravitait nécessairement dans l'orbite de l'une ou de l'autre de ces grandes nations, d'autant plus qu'au lieu de former un seul état, il était dès le huitième siècle avant notre ère, morcelé en une foule de petites principautés ou de tribus indépendantes. Il n'en avait pas toujours été ainsi, puisque, peu de temps après l'établissement des Israélites dans la Terre promise, un roi de l'Aram mésopotamienne, Chusan-Rasathaïm, porta ses armes victorieuses jusque dans le pays de Chanaan et y exerça pendant huit ans une domination à laquelle Othoniel, neveu de Caleb, put seul mettre un terme [1].

La situation géographique du pays de l'Aram des rivières, se trouve confirmée par un passage des inscriptions de Khorsabad, où Sarkin [2] raconte ses succès dans la guerre qu'il fit à Mérodach-Baladan, prince chaldéen qui s'était rendu maître de la Babylonie. Les tribus de Pukudu, de Ruha, de Khindar, situées dans le territoire insulaire que nous avons décrit, furent forcées de subir le joug assyrien; elles furent placées sous l'autorité du gouverneur de Gambul, ville et territoire de la basse Susiane, précédemment le siége d'une petite principauté chaldéenne. « Le reste des habitants du pays d'Arami, « ajoute le texte cunéiforme, gens perfides, et les habitants

[1] Livre des Juges, III.
[2] De 721 à 704 avant J.-C.

« des places fortes, s'étaient tournés vers Marduk-bal-adan et
« Sutruk-nakunti [1] ; les hommes d'Arimi s'étaient dirigés vers
« le fleuve Ukni. » Nous laissons la suite d'un récit des
triomphes du roi assyrien pour en venir à sa conclusion :
« J'ai établi ma puissance au milieu du palais de Marduk-bal-
« adan, et j'ai reçu les tributs des pays d'Arimi, etc. [2]. »
« Pendant que j'infligeais un châtiment aux gens du pays de
« Kaldi et d'Arimi qui habitent la mer du soleil levant, et que
« je faisais sentir ma puissance aux gens du pays d'Élam, etc.; »
telle est la transition par laquelle Sarkin passe au récit des
succès d'un de ses lieutenants à une autre extrémité de son
empire [3] ; suivant une seconde inscription du même palais de
Khorsabad : « Pendant que je me préparais à exterminer le
« pays de Bet-Yakim et à réduire le pays d'Aram, etc. [4] » Un
autre texte de Sarkin mentionne « les habitants du pays
« d'Aram, les habitants des rives du fleuve Diglat, du fleuve
« Surappi et du fleuve Ukni [5]. »

Les énonciations des inscriptions de Sennachérib concordent avec les données que fournissent celles de son père. Sur
le prisme de Taylor, on lit : « Avec l'aide d'Assur mon seigneur
« j'ai assiégé soixante et seize places fortes du pays de Kaldu et
« quatre cent vingt forteresses de la frontière ; je m'en suis
« emparé, je les ai occupées. J'ai fait sortir de leurs demeures
« les tribus d'Urbi [6], d'Aramu, de Kaldu, qui se trouvaient
« dans les villes d'Erech, de Nipur, de Kis, de Chalanné et de
« Cutha, ainsi que les habitants de la ville révoltée [7], et je les
« ai vendus comme esclaves [8]. » Le même passage se trouve
reproduit sur le cylindre de Bellino [9]. Dans l'inscription du
même prince au palais de Nébi-Yunus publiée par sir H. Raw-
linson, on lit : « J'ai vaincu dans une bataille rangée Marduk-
« bal-adan, roi du pays de Tirat-Dunias, et les peuples de

---

[1] Roi d'Élam.
[2] Joachim Ménant : *Annales des rois d'Assyrie*, p. 171-173 ; *Babylone et la Chaldée*, p. 153-155.
[3] *Annales des rois d'Assyrie*, p. 175.
[4] *Ibid.*, p. 189.
[5] *Ibid.*, p. 196.
[6] Sans doute pour Arabi.
[7] Babylone.
[8] Joachim Ménant : *Annales des rois d'Assyrie* p. 215; *Babylone et la Chaldée*, p. 159.
[9] *Annales des rois d'Assyrie*, p. 226.

« Kaldu et d'Aram, ainsi que l'armée d'Elam qui était venue
« à leur secours. Puis le roi d'Élam appela auprès de lui les
« pays de Parsua, d'Auzan, de Pasir, d'Illipi, tout le pays de
« Chaldu, toutes les tribus d'Aram, et il les réunit dans une
« grande alliance avec le roi de Bab-ilu [1]. »

Les cylindres de Koyoundjik fournissent encore un exemple
de cette association de peuples, témoignage de leur proximité
géographique, à la date du règne d'Assur-bani-pal [2]. « Salum-
« mu-kin, mon jeune frère, ne tint pas compte de ma supré-
« matie ; il souleva le peuple des Akkads, de Kaldu et d'Aram
« et les peuples de la côte..... »—« Les peuples d'Akkad, ceux
de Kaldu, d'Aramu et des bords de la mer qui s'étaient
« réunis à Salummu-kin, retournèrent dans leurs pro-
« vinces, etc. [3] »

C'est donc à tort que la version de la Vulgate, suivie par la
plupart des commentateurs, a traduit par Syrie mésopotamienne l'Aram-Naharaïm ou Padan-Aram du texte hébraïque
de la Genèse. Cette contrée, quelque temps la demeure de la
partie non émigrée de la famille d'Abraham, n'était en réalité
séparée que par le lit de l'Euphrate d'Ur, lieu natal du patriarche [4]. Aussi le texte mosaïque décrit-il le voyage de la terre
de Chanaan au pays d'Aram comme une marche vers le levant[5].
C'est vers le nord qu'il eût fallu dire, s'il se fût agi de l'extrémité de la Mésopotamie voisine de la Syrie.

---

[1] *Annales des rois d'Assyrie*, p. 231-232.
[2] 669 avant J.-C.
[3] *Annales des rois d'Assyrie*, p. 261-264 ; *Babylone et la Chaldée*, p. 170-172.
[4] On pourrait nous objecter la situation bien connue de la ville de Haran,
la Carrhæ des auteurs grecs et latins, qu'une tradition constante place dans
la haute Mésopotamie. Mais si quelques passages de l'Écriture semblent
comprendre ce lieu dans l'Aram mésopotamienne, il en est d'autres qui
comportent un sens absolument opposé. Ainsi dans les Actes des Apôtres,
ch. vii, v. 2, nous lisons : « Deus gloriæ apparuit patri nostro Abrahæ cum
esset in Mesopotamia, priusquam moraretur in Charan, et dixit ad illum:
« Exi de terra tua et de cognatione tua et veni in terram quam monstravero
« tibi. Tunc exiit de terra Chaldæorum et habitavit in Charan. »
Il y a donc lieu de conjecturer qu'Abraham a successivement habité trois
contrées différentes avant son émigration dans la terre de Chanaan ; d'abord
Ur Kasdim sur la rive droite de l'Euphrate; puis un point du territoire
d'Aram Naharaïm sur la rive gauche de ce fleuve, à peu de distance d'Ur et
dans la basse Mésopotamie ; enfin Haran, dans la contrée fort éloignée des
précédentes que nous appelons aujourd'hui Mésopotamie, mais qui paraît
n'avoir été connue sous ce nom qu'à une époque comparativement récente.
[5] Genèse, xxix, 1.

Après avoir reconnu la situation géographique du pays d'Aram entre la Chaldée, la terre d'Élam et le pays des Akkads, il nous reste à nous demander ce qu'était la population qui l'habitait au point de vue ethnologique. Sous ce rapport, rien ne nous autorise à soupçonner la moindre différence entre cette contrée et le reste de la basse Mésopotamie occupé par les Akkads. On peut donc admettre que, peuplé à l'origine par une race élamoïde, le pays d'Aram avait subi une influence chaldéenne assez puissante pour faire peu à peu tomber en désuétude l'idiome agglutinant qu'on y avait d'abord parlé, et pour y faire prédominer l'usage du dialecte syro-arabe qui régnait sur les bords de l'Euphrate vingt siècles au moins avant l'ère chrétienne.

V

Passons aux enfants de Japhet. La Genèse en énumère sept : Gomer, Magog, Madaï, Javan, Thubal, Mosoch et Thiras. Les noms de Gomer, de Magog et de Thiras ne sont point usités dans les textes anciens, ou le sont trop exceptionnellement pour que nous puissions nous flatter de posséder à leur égard des notions bien distinctes [1]. Notons seulement qu'on ne peut tenter d'identifier les noms de Gomer et de Thiras qu'à des peuples de langue indo-européenne, et que si l'on a voulu rattacher le nom de Magog à la race touranienne, ou pour mieux dire ouralo-altaïque, ce n'est que par une conjecture absolument gratuite, à l'appui de laquelle il serait impossible d'apporter le plus minime commencement de preuve.

Le nom de Madaï est au contraire d'un fréquent usage dans les textes assyriens ; il n'est pas moins employé dans quelques parties des livres saints. C'est du nom de Madaï qu'est incontestablement dérivé celui du peuple des Mèdes et celui de Médie, qui s'appliquait, comme on le sait, dans l'antiquité à

---

[1] Le nom de Gomer paraît correspondre à celui de Gimir ou Gimri par lequel les Assyriens désignaient les Cimmériens. v. *Annales des rois d'Assyrie*, p. 259-278. Nous ne connaissons pas de noms assyriens analogues à Magog et à Thiras. Le Gog hebraïque rappelle Gugu, forme assyrienne du nom de Gygès, roi de Lydie.

l'Irak-Adjémi. On donnait aussi quelquefois le nom de Médie Atropatène à la province actuelle d'Adjerbaïdjan. Il est cependant nécessaire de constater que ce n'était ni l'une ni l'autre de ces deux régions que les Assyriens désignaient originairement par l'expression de pays de Madaï.

La Médie classique est une contrée limitrophe de l'Assyrie proprement dite, dont elle est séparée par la chaîne des monts Zagros; l'Atropatène, qui s'étend plus au nord, n'est pas moins immédiatement contiguë à l'Assyrie propre. Il est donc digne de remarque que les longues inscriptions des règnes de Tuklat-pal-asar I, d'Assur-nasir-habal, de son fils Salman-asar et de son petit-fils Samsi-bin, au milieu des guerres multipliées et portées dans toutes les directions, dont elles nous donnent les récits les plus officiels, ne trouvent pas l'occasion de faire figurer une seule fois le nom de Madaï. Cependant Salman-asar [1] se vante d'avoir pénétré jusque dans la Perse, située bien au-delà de la Médie, et d'avoir « imposé des tributs aux vingt-sept rois du pays de Parsua [2]. » Il faut descendre jusqu'au règne de Bin-nirari [3] pour rencontrer le nom du pays de Madaï au nombre des régions où les monarques assyriens s'enorgueillissent d'avoir porté leurs conquêtes [4] ; ce nom se trouve associé à ceux du pays d'Élam [5], d'Illipi [6], de Kharkhar [7], de Girat-Bunda [8], de Parsua [9] et d'Andia [10], ainsi qu'à plusieurs autres noms de contrées plus difficiles à identifier ; mais, dans ce texte, rien ne nous indique encore la situation géographique du pays de Madaï. Nous recevons plus de lumière de Tuklat-pal-asar II [11], dont une inscription trouvée dans les ruines de Kalakh relate l'obligation de payer des tributs imposée à une foule de contrées, entre autres à la Perse, et « à la ville « de Zakrut [12], qui dépend du pays de Madaï jusqu'au pays de

---

[1] 835 avant J.-C.
[2] *Annales des rois d'Assyrie*, p. 101.
[3] 809 avant J.-C.
[4] *Annales des rois d'Assyrie*, p. 126.
[5] Louristan et Koushistan.
[6] Irak-Adjémi.
[7] Kurdistan persan.
[8] Partie Orientaie de l'Adjerbaïdjan et Shirvan.
[9] Farsistan.
[10] Ghilan.
[11] 744 avant J.-C.
[12] Nommée ailleurs Zikrati. V. *Annales des rois d'Assyrie*, p 143.

« la mer. J'ai nommé, ajoute le texte, mes lieutenants pour
« les gouverner. J'ai imposé des tributs aux chefs de..... du
« pays de Madaï jusqu'au pays de Bikni [1]. » La ville de Zakrut
est la Zadracarta classique, une des principales cités de l'Hyrcanie, le Mazandéran actuel, contrée que les inscriptions assyriennes désignent fréquemment par le nom de pays de Zikruti,
ou plutôt Zaÿkruti. Quant au pays de Bikni ou Baÿkni, nous
ne pouvons voir en lui que la région de Balkh ou Bactriane.
Cette contrée est très-souvent nommée dans les fastueuses inscriptions des rois assyriens, mais, circonstance bien exceptionnelle, dans des termes qui prouvent que leur puissance ne
s'y était pas fait sentir. La notoriété et l'extrême importance
de ce grand centre commercial de la haute Asie peuvent seules
expliquer ces allusions à une région où ne s'étendirent jamais
leurs conquêtes. « Le roi, dit ailleurs Tuklat-pal-asar, a régné
« depuis la mer de Bet-Yakin [2] jusqu'au pays de Bikni; depuis
« le pays du soleil et de la mer du soleil couchant [3] jusqu'au
« pays de Musri [4], depuis l'orient jusqu'au couchant [5]. » Ce
texte ne saurait être interprété dans le sens de la conquête du
pays de Bikni par ce prince assyrien, qui n'a certainement
jamais régné sur l'Égypte, et n'a pas davantage soumis la Bactriane à ses lois. Cependant, parmi les contrées qu'il prétend
s'être assujetties, Tuklat-pal-asar compte le pays de Nissa et les
pays d'Ariarmi et d'Arakatu, qui semblent bien être l'Arie et
l'Arachosie des auteurs classiques. Il y ajoute les villes du
pays de Madaï et les habitants des frontières, ou, comme il le
répète un peu plus bas, « les villes qui dépendent du pays de
Madaï. » Mais il ne s'exprime pas de même au sujet de la Bactriane : « J'ai été maître des villes du pays tout entier jusqu'au pays de Bikni [6]. » L'invasion de Tuklat-pal-asar, dont
l'action fut d'ailleurs tout à fait passagère, si elle s'étendit vers
l'Orient jusqu'à des provinces peu éloignées de l'Inde, paraît
donc s'être arrêtée dans la direction du nord à la grande chaîne
de montagnes de l'Hindou-Kosch.

---

[1] *Annales des rois d'Assyrie*, p. 139.
[2] Golfe Persique.
[3] La Méditerranée.
[4] Mesraïm, l'Égypte.
[5] *Annales des rois d'Assyrie*, p. 140-141.
[6] *Ibid.*, p. 143.

La marche des armées assyriennes vers le levant se renouvela sous le règne de Sarkin [1]. Ce prince se glorifie d'avoir soumis au joug le pays de Madaï jusqu'aux confins du pays de Bikni [2]. « J'ai régné, dit-il ailleurs, sur les lointaines « contrées du pays de Madaï qui sont proches du pays de « Bikni, jusqu'aux pays d'Illipi, de Ras, sur les frontières du « pays d'Elam, etc [3]. » — « Ma main puissante s'étendit depuis « la ville de Khasmar. jusqu'à la ville de Simaspati, au pays « lointain de Madaï, qui est situé au soleil levant [4]. » Dans une autre inscription, il mentionne « les tribus de Guti-Muski « qui habitent le pays lointain de Madaï, près du pays de « Bikni, jusqu'au pays d'Illipi [5]. » Ailleurs encore, c'est « le pays « lointain de Madaï qui est sur les frontières du pays de « Bikni [6]. » Dans une autre inscription de Sarkin, il est encore question « du pays lointain de Madaï au soleil levant [7]. » « J'ai subjugué le pays de Madaï qui ne s'était pas encore « rendu, etc [8]. » Enfin, une dernière inscription de Sarkin répète encore cette même épithète de « pays lointain de « Madaï [9]. »

Le langage de Sennachérib [10] concorde parfaitement avec celui de son père, en ce qui concerne la situation éloignée de cette région : « J'ai réduit, dit-il, sous ma domination les « contrées lointaines du pays de Madaï, dont, parmi les rois « mes pères, personne n'avait entendu prononcer le nom ; je « leur ai imposé de nombreux tributs et je les ai soumis à ma « puissance [11]. » — « J'ai reçu des contrées lointaines du pays « de Madaï, dont personne, parmi les rois mes pères, n'avait « entendu parler, des tributs en grand nombre, et j'ai soumis « ces pays à ma domination [12]. » — « J'ai reçu les tributs

---

[1] 721 avant J.-C.
[2] *Annales des rois d'Assyrie*, p. 159.
[3] *Ibid.*, p. 160.
[4] *Ibid.*, p. 161.
[5] *Ibid.*, p. 181.
[6] *Ibid.*, p. 195-196.
[7] *Ibid.*, p. 200.
[8] *Ibid.*, p. 201.
[9] *Ibid.*, p. 205.
[10] 704 avant J.-C.
[11] *Ibid.*, p. 217.
[12] *Ibid.*, p. 228. Cylindre de Bellino, XXXIII.

« du pays lointain de Madaï. Personne, parmi les rois mes
« pères, n'avait reçu ces tributs[1]. »

Assaraddon[2] enregistre moins fréquemment des victoires
de ce côté, où commençait à grandir la puissance du peuple
mède. Cependant une inscription, qui paraît dater des premières années de son règne, en fait encore mention : « Le
« pays de Patus-Arra est situé dans les environs de Bit....,
« sur les frontières éloignées du pays de Madaï, du côté du
« pays de Bitini, où on trouve des mines de cuivre. Personne,
« parmi les rois mes pères, n'avait soumis cette terre.....
« Arpis, gouverneur de la ville de Partakka, Zanasana, gouver-
« neur de la ville de Partukka, Kamatiya, gouverneur de la
« ville d'Urakazabarna, habitent aux extrémités du pays de
« Madaï. Jusqu'ici ils ne s'étaient pas ligués contre les rois
« mes pères ; ils attaquèrent le pays d'Assur, mais la crainte
« immense d'Assur, mon seigneur, les terrifia ; ils m'appor-
« tèrent à Ninua, ma capitale, leurs grands animaux, du
« cuivre, provenant de leurs mines ; ils s'inclinèrent devant
« moi[3]. » Ici il est évidemment question de la Parthiène.
Mais, à partir de ce moment, les rois assyriens n'ont plus à se
glorifier d'aucun succès dans ces contrées. Les Mèdes avaient
conquis leur indépendance, et, sous le règne de Phraorte,
allaient étendre leur frontières jusqu'aux portes de l'Assyrie,
en attendant le jour peu éloigné où Ninive elle-même succom-
berait sous leurs coups.

Lorsque les monarques assyriens, dont la domination s'étendait sur les frontières de l'Égypte et sur une partie de l'Asie
Mineure, décrivent le pays de Madaï comme une région très-
lointaine, nous sommes dans la nécessité de chercher sa
situation géographique à une grande distance du côté de
l'Orient. Mais les divers textes que nous venons de citer, en
lui donnant pour voisins les pays d'Illipi[4], de Zakruti[5],
de Baïkni ou Bactriane, la Parthiène, l'Arie et l'Arachosie,
nous permettent de déterminer sa position exacte. Le pays
de Madaï, dans son sens propre et originaire, ne pouvait

---

[1] *Annales des rois d'Assyrie*, p. 234. Inscript. de Nebi-Yunus, LXXXV.
[2] 680 avant J.-C.
[3] *Annales des rois d'Assyrie*, p. 244.
[4] Irak-Adjémi.
[5] Mazandéran.

être que le Khorassan actuel. Cependant il est certain que, dès cette époque, et avant le développement de puissance manifesté par la monarchie médique, la race de Madaï exerçait une prépondérance marquée sur les peuples voisins qui, jusqu'à un certain point, en étaient regardés comme les satellites. De même que la Chaldée primitive avait vu son nom, restreint d'abord à un territoire peu étendu sur la rive droite de l'Euphrate inférieur, s'appliquer ensuite au pays d'Aram et à ceux des Sumirs et des Akkads, de même du pays de Madaï proprement dit le nom de Médie s'étendit peu à peu à toute la vaste région qui sépare l'Inde de l'Assyrie. Non-seulement les contrées les plus voisines, peuplées par des hommes de même race, comme l'Arie, l'Arachosie, la Parthiène, l'Hyrcanie, furent considérées comme des annexes de Madaï, mais le vaste territoire d'Illipi, bien qu'habité principalement par une population élamoïde à langue agglutinante, fut regardé comme dépendant de la Médie, dont il était destiné à porter le nom. Sans doute de précédentes invasions, dont aucun monument historique ne nous a transmis le souvenir, avaient préparé les voies au règne de l'élément madaïte, substitué à l'ancienne nationalité élamite. Parmi les noms des princes qui occupèrent le trône d'Illipi dans le viiie siècle avant notre ère, il en est dont la physionomie est distinctement iranienne tel que celui d'Ispabura. Quelquefois même, le nom de Madaï semble avoir été employé dans un sens qui s'appliquait au pays d'Illipi, comme dans ce passage d'une inscription de Sarkin : « Dans ma huitième campagne, j'ai reçu les tributs « du pays de Van et du pays de Madaï, que les hommes du « pays de Van et du pays d'Illipi ne m'avaient pas payés [1]. » Ailleurs, il parle des « provinces du pays de Madaï qui dépen- « dent du pays d'Elipi [2]. » C'est ici le royaume d'Illipi, qui paraît entraîner le pays de Madaï dans son orbite; c'est que la première de ces contrées obéissait alors à un monarque, tandis que la seconde était morcelée entre les mains d'une foule de petits princes; il est question dans ce même texte de « quarante-cinq gouverneurs des villes du pays de Madaï. » Dans le langage assyrien, un gouverneur signifie ordinaire-

[1] *Annales des rois d'Assyrie*, p. 165.
[2] *Ibid.*, p. 167.

ment un prince souverain mais tributaire. Cette organisation politique rappelle les vingt-sept rois du pays de Parsua [1], et explique l'infériorité relative si longtemps prolongée de la race aryenne.

Mais il y a quelque chose de plus étonnant que la tendance qui se montrait déjà à assimiler l'Illipi au pays de Madaï. C'est de voir le nom de cette dernière région s'étendre jusqu'au pays de Namri, sur la frontière immédiate de l'Assyrie proprement dite. Cette contrée, qui portait aussi le nom de Kharkhar, répond à la province persane de Kurdistan qu'arrose le cours supérieur du fleuve Kherkhah. Là, comme dans l'Illipi, le fond de la population appartenait à la race d'Élam; mais, tandis que les noms des rois d'Illipi trahissent une origine aryenne, ceux des souverains du Namri dérivent soit d'un dialecte élamoïde, soit de la langue chaldéo-assyrienne. On ne devrait donc point s'attendre à trouver le pays de Kharkhar cité comme une dépendance du pays de Madaï. Voici cependant ce que renferme à cet égard une inscription du règne de Sarkin : « J'ai assiégé et j'ai vaincu Kibaba, gou-
« verneur de la ville de Kharkhar ; j'ai réduit en captivité lui
« et les habitants de son pays. J'ai rebâti de nouveau cette
« ville, j'y ai fait demeurer les habitants des provinces que
« mon bras avait conquises et j'ai placé au-dessus d'eux mon
« lieutenant pour gouverneur. J'ai nommé la ville Kar-Sarkin,
« j'y ai établi le culte d'Assur, mon seigneur, et j'y ai élevé
« l'image de ma royauté..... Pour me maintenir dans le pays
« de Madaï, j'ai élevé des fortifications dans le voisinage de
« Kar-Sarkin. J'ai occupé trente-quatre forteresses du pays de
« Madaï, je les ai annexées au pays d'Assur et j'ai établi sur
« eux des tributs de chevaux [2]. » Suivant un texte analogue :
« Les gens du pays de Kharkhar avaient soulevé Kibaba.....
« J'ai nommé leur ville Kar-Sarkin. J'ai reçu dans cette ville
« les tributs considérables de vingt-huit gouverneurs des
« places fortes du pays de Madaï, etc. [3] » — « J'ai élevé des
« forteresses pour maintenir le pays de Madaï autour de Kar-
« Sarkin, j'ai fortifié les places fortes du pays de Madaï [4]. »

[1] *Annales des rois d'Assyrie*, p. 101.
[2] *Ibid.*, p. 184.
[3] *Ibid.*, p. 164.
[4] *Ibid.*, p. 165.

Si la nationalité mède envahissait de proche en proche les contrées qui s'étendaient autour de son centre, lors même qu'elles lui étaient étrangères par la race et le langage, à plus forte raison devait-elle absorber les populations issues comme elle de la souche aryenne. Telles semblent avoir été les nombreuses tribus qui couvraient le littoral de la mer Caspienne depuis son extrémité orientale jusqu'au pied du Caucase. Parmi ces provinces le royaume de Girat-Bunda, qui s'étendait à l'est de l'Atropatène, occupait une des plus importantes ; à la fin du neuvième siècle avant l'ère chrétienne, il avait pour souverain Pirisati ou Parisatis, dont le nom indique une origine iranienne [1].

Passons aux autres fils de Japhet. Quoique le nom de Javan fût peu familier aux Assyriens, il est incontestable que, pour tous les anciens peuples de l'Orient, il a toujours désigné les habitants des bords de la mer Égée, tant ceux de la Grèce que ceux des côtes occidentales de l'Asie Mineure. Il n'y a lieu d'insister ni sur la situation géographique, ni sur le caractère essentiellement aryen de ces populations.

Le nom de Thubal se présente dans les textes cunéiformes avec une légère altération ; il y est question du pays de Tubal ou de Tabal, mais cette dernière forme est la plus fréquemment employée. « Dans ma vingt-deuxième campagne [2], « dit une inscription de Salmanasar, pour la vingt-deuxième « fois j'ai franchi le Purat [3], je me suis dirigé vers le pays de « Tabal. Dans ce temps-là, j'ai imposé des tributs aux vingt- « quatre rois du pays de Tabal, et je me suis avancé vers ces « contrées où l'on trouve des mines d'argent, de sel et « d'albâtre [4]. » — « Dans ma vingt-troisième campagne [5], j'ai « franchi le Purat....., j'ai tué les rois du pays de Tabal et « j'ai imposé des tributs. » Tuklat-pal-asar II [6] parle des tributs d'Uassami du pays de Tabal : « Uassurmi, du pays de « Tabal, s'était soustrait à l'œuvre du pays d'Assur. Il ne « s'était pas rendu auprès de moi. J'ai mis sur le trône de sa « royauté mon lieutenant...., fils de Lumamana, et je lui ai

---

[1] *Annales des rois d'Assyrie*, p. 121.
[2] L'an 835 avant J.-C.
[3] L'Euphrate.
[4] *Annales des rois d'Assyrie*, p. 101.
[5] L'an 834.
[6] 744 avant J.-C.

« imposé quatre talents d'or, mille talents d'argent, deux
« mille chevaux [1]. »

Sarkin [2] fait souvent mention du pays de Tabal ou Tubal, et
en associe volontiers le nom à ceux des pays de Kasku [3] et
de Khilakku [4]. Un passage des *Annales* mérite d'être cité
intégralement [5]. « Ambaridi, du pays de Tabal..... Khulli son
« père était sur le trône de sa royauté, on lui avait donné le
« pays de Bit-Barutas et on l'avait confié à sa main. Dans ce
« temps-là Khulli avait..... Je lui avais donné ma fille avec la
« ville de Khilakku, j'avais étendu ses États. Mais lui, homme
« perfide, n'observa pas l'alliance, il eut confiance dans Ursa,
« du pays d'Urarthu et dans Mita, du pays de Muski, qui
« avaient envoyé des agents pour soulever mes provinces
« dans le pays de Tabal, j'ai compté les armées d'Assur et
« j'ai abattu comme du blé les..... du pays de Tabal. J'ai
« emmené au pays d'Assur Amburis, roi du pays de Bit-
« Buritis, les gens de la maison de son père, les grands du
« pays ainsi que cent chars. Je me suis établi dans le pays
« de Bit-Buritis, le pays de Khilakku et les places fortes de
« ce pays, j'y ai placé les hommes que la main d'Assur avait
« soumis. J'ai placé mon lieutenant comme gouverneur au-
« dessus d'eux et je les ai soumis à mon empire comme les
« gens du pays d'Assur. »

Ces procédés de transportation appliqués à des populations
entières, politique ordinaire de Sarkin et des princes assyriens
de sa famille, ne furent point dès l'abord assez complets
pour anéantir tout esprit d'indépendance dans le peuple de
Tubal. Sennachérib eut encore à le combattre : « J'ai subju-
« gué, dit-il, les hommes du pays de Khilakku qui habitent
« les forêts. J'ai détruit leurs villes, je les ai démolies, je
« les ai livrées aux flammes. J'ai occupé la ville de Tul-
« Garimmi qui est dans le pays de Tabal [6]. » Il en fut de
même de son fils et successeur Assur-akki-idin, l'Assarhaddon
des Hébreux : « J'ai foulé aux pieds les habitants du pays de

---

[1] *Annales des rois d'Assyrie*, p. 144.
[2] 721 avant J.-C.
[3] La Colchide, suivant M. Joachim Ménant.
[4] *Annales des rois d'Assyrie*, p. 159, 161, 182, 192, 200, 205.
[5] *Ibid.*, p. 167.
[6] *Ibid.*, p. 231. Cependant les inscriptions de Sarkin font de Tul Garimmi
une ville du pays de Milid ou Milytène. *Ibid.*, p. 168-185.

« Khilakki et de Duha, qui demeurent dans les forêts du
« pays de Tabal [1]. » Malgré tant de désastres, le peuple de
Tubal continua à revendiquer une indépendance assez précaire. Assur-bani-pal, roi d'Assyrie [2], voulut contraindre à la
soumission Mugali ou Mugullu, roi de Tabal, qui s'était soustrait à l'autorité de ses prédécesseurs et avait même exercé
sur leur territoire quelques déprédations. Ce prince n'échappa
à la vengeance assyrienne que par une prompte soumission;
il envoya à Ninive sa propre fille avec de nombreux présents
et se vit imposer un tribut de chevaux de haute taille [3]. Il
en fut de même d'un prince du pays de Khillakku, qui n'avait
pas jusque-là courbé la tête sous le joug.

Cette dernière contrée, qu'il faut se garder de prendre pour
la Cilicie, était située au nord-ouest de l'Arménie sur la
rive droite de l'Euphrate ; elle a été connue dans l'antiquité
sous le nom d'Acilicène. Le pays de Tubal s'étendait au nord
dans la direction de la Colchide, probablement le Kasku des
Assyriens, et comprend sans doute le Lazistan et la Gourie
des temps modernes. Bit-Barutas s'est appelé depuis Varutha,
et la situation de ce lieu est en toute vraisemblance actuellement indiquée par la ville de Baïbourt sur le Tchorok. Tout
nous porte à présumer que, jusqu'au huitième siècle avant
notre ère, la population de cette région appartenait à la famille
aryenne. Le nom d'un de ses rois, Ambaris ou Ambaridi,
décèle de la manière la plus manifeste une désinence indo-
européenne. Sarkin, comme nous l'avons vu, commença par
des transportations en masse, à modifier profondément la
composition des habitants de ce pays, comme de tant d'autres.
Les bouleversements qui ont eu lieu à plusieurs reprises
dans cette région de frontières, n'ont pu qu'altérer de plus
en plus le caractère primitif de la race qui la peuplait.
Il n'y a donc aucune conclusion sérieuse à tirer du caractère
ethnologique de la population actuelle, pour révoquer en
doute l'affinité des aborigènes avec les peuples de souche
aryenne. D'ailleurs, il est constant que les Lazes ne sont
point originaires de cette province. La nation des Arméniens

---

[1] *Annales des rois d'Assyrie*, p. 242.
[2] 669 avant J.-C.
[3] *Ibid.*, p. 258-278.

aurait certainement plus de droits à être regardée comme la
postérité de Thubal.

La race de Mosoch, autre rejeton de Japhet, a laissé des
traces de son existence sur un territoire beaucoup plus étendu
que celle de Thubal. Nous ne pouvons douter qu'elle ne
corresponde à la nation des Mosques, les Mouschenet des
Égyptiens, les Muski des Assyriens. qui a dominé longtemps
sur une grande partie de l'Asie Mineure entre l'Halys et
l'Euphrate. Dès le douzième siècle avant notre ère, les armées
d'Assur eurent à lutter contre les forces des Mosques qui
s'avançant vers le sud menaçaient d'envahir la Syrie. Tuklat-
pal-asar Ier [1] relate ce fait dans une inscription : « Au com-
« mencement de mon règne, j'ai vaincu vingt mille Muskaiens
« et leurs cinq rois. Aucun roi ne les avait vaincus dans
« une bataille rangée; ils se fièrent à leur puissance, et sub-
« juguèrent le pays de Khummuk. J'en vins aux mains avec
« les vingt mille guerriers et les cinq rois du pays de
« Khummuk; je les mis en déroute [2]. » Le pays de Khummuk est certainement la Commagène, contrée située entre
l'Euphrate et les chaînes de montagnes du Taurus et de l'Ama-
nus, au nord de la Syrie; elle était occupée par une population
de langue syro-arabe qui paraît s'être rattachée à la nation
des Khattis ou Khètas, et par conséquent à la race de Chanaan.
Le Khummuk resta longtemps soumis à l'influence du peuple
des Muski, car une inscription d'Assur-nasir-habal [3] associe
ces deux noms dans le même texte : « J'ai exigé comme tribut
« des pays de Khummuk et de Muski des instruments en fer,
« des troupeaux de bœufs, de moutons et de chèvres [4]. » Il
est cependant certain que si le Khummuk était devenu tributaire de l'empire assyrien, le pays de Muski conserva toute
son indépendance jusqu'au règne de Sarkin. Il constituait
alors une puissante monarchie, comprenant les territoires dont
furent formés, après le démembrement de l'empire d'Alexan-
dre, les royaumes de Pont et de Cappadoce. Il y a toutefois des
motifs de croire que la Cappadoce était pour les Muski un
pays de conquête, et que la population de cette contrée était

[1] Vers l'an 1130 avant J.-C.
[2] *Annales des rois d'Assyrie*, p. 36.
[3] 882 avant J.-C.
[4] *Annales des rois d'Assyrie*, p. 71, 72.

originairement de race syro-arabe. Quoi qu'il en soit, Sarkin rencontra un de ses adversaires les plus redoutables dans le roi de Muski, Mitatti ou Mita, dont le nom ainsi rendu par les textes assyriens avec le peu d'exactitude dont les peuples anciens ont presque toujours fait preuve dans la transcription des dénominations étrangères, correspond assez à celui de Mithridate. Remarquons en passant que précisément à la même époque, un roi du pays de Zikartu ou d'Hyrcanie, à l'autre extrémité des États en lutte contre les envahisseurs assyriens, portait également ce nom aryen de Mitati ou Mithridate [1]. Les possessions de Mitatti, roi de Muski, servaient de frontière aux dépendances de l'empire d'Assyrie, et sa puissance était assez considérable pour qu'en l'an 716 Pisiri, prince de Karkamis sur l'Euphrate, ayant voulu secouer le joug, ait tourné les yeux vers lui pour trouver un appui contre les forces de Sarkin [2]. » Deux ans après, Sarkin lui-même portait la guerre dans les états de Mitatti; il prit et saccagea deux villes nommées Kharrua et Usnani, situées dans une province qu'il désigne comme le pays de Kui, dépendance du royaume de Muski « depuis les temps reculés; » cette campagne se termina par un traité : les deux places fortes furent rendues à leur légitime possesseur. Mita ne fut pas toujours aussi heureux; en l'an 708, pendant que Sarkin poursuivait ses conquêtes dans la Chaldée et la basse Susiane, un de ses lieutenants, chargé du commandement dans les « provinces du soleil couchant, » envahit le pays de Kui, en ruina les places fortes et poursuivit ses succès jusqu'au cœur du royaume de Muski. « Mon lieutenant le gouverneur « du pays de Kui, dit une inscription, attaqua Mita du pays « de Muski, et trois mille de ses places fortes [3]. Il renversa « dix villes, il les détruisit, il les livra aux flammes et il « emmena un grand nombre de captifs. Et ce Mita, du pays « de Muski, qui ne s'était pas soumis aux rois qui m'ont « précédé, qui avait persévéré, envoya vers moi son serviteur « jusqu'aux bords de la mer du soleil levant pour faire sa

---

[1] *Annales des rois d'Assyrie*, p. 162, 165, 183. Le nom de Mithridate était en usage chez les Parthes, comme dans la famille des rois de Pont.

[2] *Ibid.*, p. 162.

[3] Cette leçon nous paraît suspecte. Peut-être est-il question de trois mille guerriers. Voir *Annales des rois d'Assyrie*, p. 176.

« soumission et m'apporter des tributs [1]. » Le royaume de
Muski devint ainsi vassal de l'Assyrie, sans perdre pourtant
son autonomie.

Si l'État qui obéissait aux lois de Mithridate était aux yeux
des Assyriens le principal centre de la race de Mosoch, il ne
faudrait pas en conclure qu'elle fût alors confinée dans ses
limites. Elle a au contraire laissé des traces de son passage
dans des régions fort éloignées. A l'est du royaume de Muski,
au-delà même du pays de Tubal, la chaîne des monts Moschi-
ques s'étendait au nord de l'Arménie dans la direction du
Caucase, délimitant les bassins de l'Euphrate et de l'Araxe des
versants du Pont-Euxin, et témoignait de l'existence du
peuple de Mosoch dans la région située entre les rivages de
la Colchide et ceux de la mer Caspienne. Mais ce qui peut à
bon droit nous étonner davantage, c'est d'en retrouver le nom
jusque sur les frontières de la Bactriane. Sarkin, dans une des
inscriptions de Khorsabad, énumérant les peuples soumis à
ses lois, cite dans le nombre « toutes les tribus de Guti-
Muski qui habitent le pays lointain de Madaï près du pays de
Bikni [2]. » Faut-il admettre que les migrations des âges
précédents avaient dispersé la race de Mosoch sur tout l'espace
qui sépare le centre de l'Asie Mineure des limites du Tur-
kestan? Toujours est-il que, dans la grande famille des descendants de Japhet, ce peuple semble avoir été le chaînon inter-
médiaire entre les nations iraniennes et les populations de
l'Europe.

Si nous cherchons à résumer les notions que les documents
assyriens nous ont fournies sur les peuples dont les noms se
rapportent à ceux des petits-fils de Noé, tout élément d'une
valeur hypothétique étant laissé de côté, nous constaterons
que les races données par la Genèse comme celles de Sem, de
Cham et de Japhet, semblent correspondre aussi exactement
que possible à trois des grandes familles humaines caractérisées par l'organisme spécial de leurs langages. La race de
Sem, ayant d'abord conservé une langue agglutinante, a, dès
une époque fort ancienne, adopté dans une grande partie de ses
branches, comme idiome vulgaire, des dialectes à flexion du

---

[1] *Annales des rois d'Assyrie*, p. 189-190. Voir aussi pp. 159, 176, 193, 200
205.

[2] Joachim Ménant: *Annales des rois d'Assyrie*, page 181; voir aussi p. 195

type syro-arabe. La race de Cham a parlé exclusivement ces dernières langues, altérées seulement dans leur vocabulaire et non dans leurs formes con-titutives chez les nations émigrées en Afrique et mélangées d'un autre sang. La race de Japhet a, dans tous ceux de ses rameaux sur lesquels nous avons quelques données positives, employé uniquement des langages caractérisés par la flexion indo-européenne. La classification des peuples indiquée par la Genèse coïncidait donc avec une division naturelle, indiscutable et généralement reconnue dans tout l'Orient au temps d'Abraham, sinon dans le siècle de Moïse. L'état des choses, en apparence contradictoire, était le résultat d'événements bien connus, dont la tradition se conservait intacte, et dont les effets n'avaient pas encore fait disparaître la trace des anciennes affinités qui avaient uni précédemment les peuples des mêmes groupes.

En tâchant de nous rendre compte de ce qu'était alors la distribution géographique de ces groupes, nous verrons la race de Cham maîtresse de toutes les contrées situées sur la rive droite de l'Euphrate à partir des défilés du Taurus, s'étendant même un peu à gauche de son embouchure dans le golfe Persique. Nous trouverons les Sémites conquis à la langue des descendants de Cham, concentrés sur un territoire compact que bornaient l'Euphrate, la chaîne du Zagros et les montagnes qui séparent l'Arménie des plaines de l'Assyrie et de la Mésopotamie. Derrière eux, les peuples sémites, restés fidèles à la forme primitive de leur langage, rangés en demi-cercle autour de leurs congénères chamitisés, en contact aux deux extrémités dans la Susiane et au sud-ouest de l'Arménie avec les vrais Chamites, étaient pressés de toutes parts à la circonférence par la race de Japhet [1]. Celle-ci formait deux groupes bien distincts, dont l'un s'étendait du golfe Persique à la mer Caspienne à l'est du 50e degré de longitude, et l'autre occupait la plus grande partie de l'Asie Mineure pour se prolonger de là sur l'Europe ; ces deux groupes se rejoignaient par une longue et étroite bande de territoire au sud de la mer Caspienne et du Caucase, en contact continuel et même dans un

---

[1] Il faut faire exception pour les tribus ouralo-altaïques disséminées dans les immenses déserts du Nord, au-delà des peuples issus de Japhet.

mélange assez confus avec les Sémites purs à langue agglutinante. Telle était la distribution des races quinze, vingt, vingt-cinq siècles peut-être avant l'ère chrétienne. Pour apprécier ce qu'elle pouvait être à l'époque quaternaire, il suffit de se représenter les races de Cham et de Sem plus concentrées dans la direction du sud-est. En ce qui concerne les descendants de Japhet, la question offrirait de tout autres difficultés, en raison de l'absence de documents écrits de date reculée et des aptitudes inférieures de cette race pour conserver ses anciennes traditions.

Après avoir examiné la situation qu'occupaient ces trois grandes branches de la famille humaine au point de vue linguistique et géographique, nous devons nous demander quels étaient leurs caractères sous le rapport physiologique. Mais ici nous sommes obligé de faire un aveu complet d'ignorance. Nous n'avons aucun motif sérieux de supposer entre elles aucune différence originaire, soit du côté de la coloration de la peau, des cheveux ou des yeux, soit par la stature ou la conformation du crâne. S'il était permis de hasarder une conjecture, la plus probable serait peut-être qu'il n'y avait d'abord entre elles aucune notable différence de cette nature, et que les particularités qui se remarquent aujourd'hui chez les peuples qui en sont issus, nées à une époque postérieure, sont surtout attribuables à un mélange avec d'autres groupes de l'espèce humaine caractérisés sous le rapport anthropologique par des variétés de type nettement accusées.

VI

On se demandera peut-être comment la Genèse, après avoir donné un tableau généalogique aussi étendu des nations plus ou moins civilisées qui peuplaient le monde connu des premiers Hébreux, ne fait aucune mention des autres peuples de l'univers, du moins de ceux dont l'existence ne pouvait être absolument ignorée des enfants d'Abraham. La race nègre, par exemple, en contact avec les Égyptiens dès le temps des dynasties de l'ancien empire, n'avait pu échapper entièrement à leurs yeux, et l'esclavage, en vigueur dès ces temps reculés, leur avait sans doute fourni l'occasion de rencontrer

des captifs enlevés à cette population ou à d'autres tribus barbares. Il semble donc que le texte de Moïse devrait contenir
quelques indications à cet égard. Nous oublions trop aisément
que la Genèse, destinée à nous transmettre certaines vérités
essentielles à nos croyances religieuses et morales, n'a point
été rédigée dans le but de nous instruire sur une foule de
questions de cosmogonie, d'histoire et d'anthropologie, qui
seraient assurément pour nous du plus vif intérêt, mais que
le peuple israélite, à l'usage duquel Moïse l'a écrite, n'eût pas
été capable de comprendre ; elles eussent, dans tous les cas,
été complétement dépourvues d'importance à ses yeux. La
plupart des générations qui se sont écoulées depuis la rédaction du Pentateuque, n'auraient point eu à cet égard une
appréciation différente. C'est donc envisager l'Écriture sainte
sous un jour tout à fait faux, que de prétendre critiquer dans
le texte sacré l'absence d'indications qui naturellement ne
devaient pas s'y trouver, quoique d'ailleurs il nous fût si
agréable de les y rencontrer. Pour nous faire une idée juste
de ce que la Genèse doit nous apprendre, il suffit de nous
demander ce que les contemporains de Moïse pouvaient y
chercher. En restant sur ce terrain, nous n'aurons à nous
étonner que d'y trouver une source d'instruction aussi abon-
dante. Il était intéressant pour le peuple hébreu de connaître
les rapports d'origine qui le rattachaient aux nations peu
éloignées de lui dans l'ordre de la civilisation et encore impré-
gnées des vestiges défigurés d'une tradition commune ; il lui
était indifférent d'être informé du passé de peuplades qui,
après avoir traversé une période de sauvagerie complète, ne
pouvaient comme lui invoquer le lien d'une origine nationale
historique. D'ailleurs, les explications que ce sujet eût com-
portées étaient-elles bien à la portée des hommes de ce siècle ?
Renonçons donc à presser le texte sacré pour en obtenir ce
qu'il ne peut nous donner, et cherchons uniquement dans
l'étude de la nature humaine, que ni le temps, ni les circonstances extérieures n'ont le don de métamorphoser, la solution
du problème que nous offre l'état primitif d'une grande partie
de notre espèce.

Si nous comparons l'homme vivant en société et l'homme
placé dans l'isolement que comporte un état sauvage assez absolu
pour restreindre ses relations à ceux de ses semblables avec

lesquels la nature lui impose des rapports nécessaires, nous verrons que dans l'état du premier se trouve un élément de stabilité qui fait totalement défaut au second. Le premier ne se modifiera jamais d'une manière complète : il conservera dans ses mœurs, dans ses coutumes, dans ses traditions, et par-dessus tout dans son langage, un fonds commun à ceux qui l'ont précédé, qu'il tiendra directement d'eux par l'éducation ou du moins par l'imitation. Le second obéira par-dessus tout au caprice individuel, et ne sera arrêté dans les changements que sa fantaisie pourra lui inspirer que par son inaptitude à inventer ce dont il n'a encore aucune idée. Si nous appliquons ces observations à la recherche des conditions qui président à la formation et à l'évolution des langues, nous verrons que l'homme, à l'état social, parlera toujours le langage des autres hommes qui l'entourent; que ce langage ne s'altérera que lentement et faiblement en passant d'une génération à l'autre, et conservera toujours les mêmes principes constitutifs; que, dans le cas même où le mélange de deux races parlant des idiomes différents vient troubler violemment la transmission du langage, si l'un des deux éléments ne prédomine entièrement sur l'autre, il se formera un dialecte nouveau dont les parties empruntées à l'un et à l'autre resteront cependant reconnaissables. Le besoin d'innover, naturel à l'homme, ne cessera pas de se faire sentir, mais il sera contrebalancé par l'influence du milieu social dans lequel il vit et qui agit constamment sur lui pour le ramener à l'usage dominant. Si cette influence sociale acquiert un empire assez irrésistible pour que l'initiative individuelle en soit complètement paralysée, la même langue s'y maintiendra sans altération pendant un grand nombre de siècles, comme dans l'ancienne Égypte, l'Arabie ou la Chine. Si, au contraire, l'individualisme conserve son domaine sans le laisser absorber par l'action du milieu social, ainsi qu'il en a presque toujours été chez les peuples de la race de Japhet, les langues seront en travail constant d'évolution ; elles se modifieront sans cesse, en maintenant toutefois entre leur passé et leur avenir le lien visible d'une filiation ininterrompue.

Supposons au contraire l'homme vivant dans un état de dissémination complète, il pourra se produire en son langage des changements assez profonds pour que leur marche échappe à toute analyse. Que l'on observe de près comment la parole se développe chez les petits enfants : sans doute l'imitation y joue le principal rôle, mais combien aussi ce moyen de transmission rencontre-t-il un obstacle dans l'action de l'initiative individuelle! combien de fois le mot appris sera-t-il modifié suivant la facilité plus ou moins grande de l'organe à s'approprier tel ou tel son! combien de fois ce même mot sera-t-il remplacé par un autre qu'aura fourni l'onomatopée, ou que le caprice aura transporté d'un sens à un autre, ou qu'il aura même créé de toute pièce sans autre inspiration que celle de la fantaisie! Voilà ce qui se manifeste chaque jour chez les enfants, mais sans que ces particularités laissent de traces, parce qu'elles ont promptement disparu sous l'influence de l'éducation ou du frottement. Concevons au contraire une famille vivant dans l'isolement, il y aura bien des chances pour qu'une foule d'altérations s'introduisent ainsi dans son langage, parce qu'alors, au lieu que les enfants se conforment au parler des parents, ce seront ceux-ci qui adopteront souvent le petit jargon des enfants. On sent combien il faudrait peu de générations pour défigurer une langue au point de la rendre tout à fait méconnaissable. Il y a pourtant en elle une chose qui ne changerait pas, c'est son procédé général de formation; il continuerait à être suivi, quelque complet que fût le changement du vocabulaire, ou s'il éprouvait certaines modifications, ce serait surtout de celles qui auraient pour effet de simplifier le travail intellectuel qui accompagne l'usage de la parole.

Dans de pareilles conditions l'homme pourrait passer du monosyllabisme à l'agglutination, sinon par sa propre initiative, du moins au premier contact qui lui révèlerait un procédé de nature à le soulager d'une assez forte dose d'attention et de réflexion. Mais il ne s'élèverait jamais de l'agglutination aux formes de la flexion, parce qu'il lui faudrait pour y parvenir sacrifier ses habitudes à une idée théorique qu'il lui serait impossible de concevoir et qu'une pente d'esprit profondément philosophique pourrait seule créer. On est donc en droit de présumer, d'après des considérations purement spéculatives, que, si une grande partie de l'espèce humaine a vécu quelque temps hors de l'état de société, les peuples qui en seront issus parleront des langues agglutinantes n'ayant les unes avec les autres aucune analogie bien marquée. Avant d'avoir reçu les premières lueurs de la civilisation, chaque petit groupe, chaque peuplade, se sera fait un idiome particulier. Seulement, à mesure que ces tribus sauvages auront été conquises à la vie sociale, qu'elles se seront agglomérées en corps de nation, leurs divers langages se fondront peu à peu en autant de langues nouvelles qu'il se sera formé de centres distincts d'une existence nationale. Les contrées du globe qui seront sorties les premières de l'état sauvage, possèderont des langues répandues sur une aire d'autant plus vaste qu'elles seront plus anciennes. Les pays où l'homme a vécu le plus longtemps en dehors des bienfaits de la vie sociale, offriront une multitude de dialectes ne conservant entre eux qu'un petit nombre de traits généraux. L'extension de chaque langage sera en rapport direct avec l'ancienneté de la constitution des peuples en corps de nation, étant accordée toutefois une large part pour les faits de conquête et de violence, qui, en anéantissant une foule de peuples anciens, ont fait à jamais disparaître toutes traces de leurs idiomes.

Si nous cherchons l'application de ces idées aux faits que révèlent les recherches linguistiques, nous reconnaîtrons qu'ils s'y montrent parfaitement conformes. D'une extrémité de la terre à l'autre, toutes les branches de la famille humaine, étrangères aux trois groupes de nations civilisées dont la Genèse nous a fait connaître l'origine, font exclusivement usage de langues agglutinantes, sauf une exception sur laquelle nous aurons à revenir. Parmi ces nations, celles que leur situation géographique ou des circonstances spéciales ont initiées les premières à la civilisation, couvrent d'immenses étendues de pays de leurs divers rameaux. C'est ainsi que la race malaise, initiée de bonne heure par des rapports avec l'Inde à un certain degré de vie sociale, a répandu les divers dialectes dérivés de son premier langage sur près d'un quart du globe, pendant que les Négritos ont vu leurs idiomes toujours parqués dans les étroits territoires où leurs voisins les avaient contraints de se réfugier. Dans l'Inde, les langues dravidiennes sont parlées depuis les temps les plus anciens par des millions d'hommes attachés à l'empire d'une civilisation aussi antique que stationnaire, tandis que les tribus

encore barbares qui occupent quelques districts de montagnes
et de forêts au centre du même pays, emploient divers dialectes
dont le domaine n'a jamais dépassé les limites d'une province. La partie orientale de l'Afrique, que des rapports
anciens avec l'Égypte, avec la race kuschite, peut-être avec
la Malaisie, ont appelée la première à quelque sorte de vie
sociale, a vu les langues du groupe bantou s'étendre sur un
très-vaste rayon, tandis que l'ouest du même continent
témoigne de la longue persistance qu'y eut l'état sauvage,
par la multiplicité des langages isolés qui y dominent. Il
serait facile de multiplier les observations de ce genre. La
conclusion qu'on peut en tirer est celle-ci : l'état de la majeure
partie du genre humain, au point de vue linguistique, s'accorde
avec les autres données de tout genre pour nous apprendre
qu'elle n'a pas toujours vécu en corps de nation, et qu'elle a
traversé une période de dissémination et d'isolement presque
complets. L'histoire des peuples ne peut se rapporter à un
point de départ commun qu'en ce qui concerne les trois groupes
restés longtemps concentrés autour du foyer primitif de la
civilisation; de ceux-ci seuls la Genèse a voulu nous faire
connaître la filiation. Celle du reste des hommes était trop
insaisissable. Que leurs premiers ancêtres aient été chassés
du cercle de la société organisée, qu'ils s'en soient bannis
volontairement, ou qu'ils en aient été séparés par quelque
circonstance fortuite, ils ont eu à passer par des temps d'isolement et d'abandon, à lutter par leurs efforts individuels
pour conserver l'existence au milieu de périls et de difficultés
de tout genre, à employer toutes leurs facultés au but unique
de vivre. En transmettant à leur postérité cet état précaire et
dégradé, ils ne pouvaient lui laisser ni culture intellectuelle,
ni traditions, ni enfin aucun de ces sentiments et de ces
habitudes qui font de l'homme le membre d'une nation.
Mais ces descendants, privés des bienfaits de la société civilisée, n'en conservaient pas moins leur nature essentiellement
apte à les recueillir et ne pouvaient manquer de se les
approprier, du moins en partie, aussitôt qu'ils leur seraient
révélés par le contact de quelques membres des groupes plus
favorisés de l'espèce humaine [1].

[1] La période d'isolement dans laquelle ont vécu les hommes exclus de la
société du reste des descendants de Noé, qui ont été les premiers ancêtres des

Il y a cependant une famille entière de nations qui occupe
une position tellement à part de toutes les autres par le
caractère spécial de leur civilisation et par la nature particulière de leurs langages, qu'il importe d'examiner les causes
auxquelles peuvent s'attribuer les singularités qu'elle présente. La Chine, le Thibet, et la plus grande partie de l'Indo-
Chine ont conservé fidèlement l'usage de langues fort différentes les unes des autres, mais qui ont pour caractère
commun le monosyllabisme, forme de langage que la logi-
que semble indiquer comme ayant été la plus ancienne de
toutes. Ceci pourrait cependant être plus spécieux en théorie
que véritable en fait ; car une langue monosyllabique est un
instrument tellement imparfait, qu'on ne peut en faire usage
sans remédier à ses vices naturels par des expédients d'une
nature tout à fait artificielle, et l'emploi de semblables
moyens n'est pas précisément le cachet d'un ordre de choses
primitif. Au point de vue théorique, le monosyllabisme devrait
se rencontrer chez les peuplades les plus sauvages et les plus
arriérées. En fait, il ne s'est jamais trouvé que chez des peuples policés et même dont la civilisation remonte à une
haute antiquité. Il semble donc qu'il y ait chez les peuples du
sud-est de l'Asie un conflit de phénomènes contradictoires.
Voici, croyons-nous, comment ils peuvent s'expliquer d'une
façon plausible. Les ancêtres de ces peuples ont dû, à leur
première origine, passer par une période de sauvagerie extrême;
ils ont dû en être tirés par l'action de quelques hommes civilisés, trop peu nombreux pour imposer leur propre langage,
mais doués d'un ascendant tel qu'il leur permit de développer rapidement un assez haut degré de culture intellec-

peuples sauvages, n'a pas dû être de très-longue durée, sans quoi nous
aurions vraisemblablement à constater des variétés de type et de langage
beaucoup plus nombreuses que celles que nous retrouvons aujourd'hui.
Cette époque doit être rapportée aux temps écoulés entre le déluge et le
fractionnement de la société civilisée qui suivit l'entreprise de la tour de
Babel, temps dont nous n'avons d'ailleurs aucun moyen d'évaluer la
durée. Nous ne savons rien de ce qui s'est passé dans cet intervalle, mais
ce n'est pas une raison suffisante pour supposer qu'il a été fort court.
La Genèse ne nous fournit aucune notion à cet égard, mais la tentative
d'érection de la tour de Babel suppose par elle-même que la race humaine
s'était déjà considérablement multipliée dans la terre de Sennaar. Nous
ne pouvons regarder comme autorisée l'hypothèse d'un de nos savants
contemporains, qui reporte l'existence séparée des peuples de langue
monosyllabique à une [époque antérieure au déluge.

tuelle. Une civilisation née dans de pareilles conditions, devait nécessairement posséder assez de prestige pour faire rejeter toute tentative d'imitation inspirée des peuples voisins, dont l'infériorité sous mille rapports était d'ailleurs manifeste, comme aussi pour paralyser toute innovation émanée de l'initiative individuelle. La conséquence au point de vue linguistique devait être d'annuler toute tendance à une évolution dans le langage, au point de vue intellectuel et social de pétrifier la civilisation à ce même niveau qu'avait atteint une initiation trop rapide et trop factice.

Telles sont, en résumé, les explications dont nous semble susceptible l'état de l'espèce humaine au point de vue des phénomènes linguistiques. Elles ne rendent pas compte, il est vrai, de la scission produite entre les trois groupes de peuples dont la civilisation paraît remonter à leur première origine. Le chapitre XI de la Genèse en donne un récit enveloppé de mystère et nous ne possédons point de notions qui nous permettent de l'interpréter.

L'Écriture sainte, en gardant le silence sur l'origine des peuples que leurs langages nous montrent étrangers au foyer primitif de la civilisation, ne nous fait pas non plus connaître la cause des singularités physiologiques si notables que présentent plusieurs de ces races et en particulier la race nègre. Cette question n'offrait en elle-même aucun intérêt religieux ou moral ; elle n'avait d'importance qu'à un point de vue scientifique et ce n'était pas celui qui devait guider la rédaction de la Genèse. Le problème qui s'y rattache ne laisse pas que d'avoir des rapports nécessaires avec le mode de dispersion des hommes dans les diverses parties du globe. Ainsi que nous l'avons déjà remarqué, il est fort probable que les premiers peuples civilisés étaient exempts de toutes les singularités physiologiques, de toutes les excentricités de type, qui se manifestent si fréquemment ailleurs; si quelques-unes des nations qui en sont issues possèdent un caractère à part, comme les anciens Égyptiens et les Aryens de l'Inde, il est plus que probable qu'un mélange avec d'autres races est la seule cause de ces particularités. Dans le reste du monde, au contraire, le plus grand nombre des hommes s'éloigne considérablement du type des premiers enfants de la civilisation. Il est donc permis de soupçonner une corrélation

entre les variétés physiologiques des diverses races et les
phases qu'a traversées leur état social. L'homme, né pour
vivre en société, ne peut se trouver à l'état sauvage sans que
son organisme soit, de différentes manières, mis sévère-
ment à l'épreuve. Si de nos jours une fraction de population
civilisée était forcément soumise à toutes les rigueurs de
l'existence des sauvages, il est fort à croire que très-peu de
ceux qui en feraient partie survivraient à cet essai. Aussi,
est-il naturel de supposer que les hommes qui, les premiers,
eurent à vivre isolés dans l'immensité d'un univers solitaire
et inexploré, loin du secours de leurs semblables, exposés à
toutes les intempéries, à toutes les influences les plus perni-
cieuses de la nature, durent souffrir gravement dans leur
constitution physique. Ils avaient cependant en leur faveur
deux éléments de résistance que ne retrouveraient point
actuellement nos contemporains. L'espèce humaine, dans les
premiers siècles de son développement, avait sans doute en
apanage un double privilège qui semble appartenir assez
ordinairement aux espèces nouvelles : une plus grande
vitalité et une plus grande plasticité. Dans ce surcroît de
force naturelle, l'homme pouvait trouver la capacité de sur-
monter les plus dures épreuves auxquelles son organisation
survivait mais en se modifiant. Prenons pour exemple le cas
le plus extrême dans l'espèce humaine, celui de la race nègre.
Il est certain qu'il y a des accidents pathologiques dont le
résultat est de développer dans une constitution profondément
altérée quelques uns des phénomènes que présente cette race.
Que des désordres de ce genre se manifestent aujourd'hui dans
l'organisme d'un homme de race blanche, la mort en sera
assez promptement la conséquence. Supposons chez cet homme
une dose beaucoup plus forte de vitalité, une force de résistance
beaucoup plus puissante, sa constitution triompherait de
cette crise et pourrait en sortir victorieuse mais modifiée. Il
n'y a pas de motif sérieux pour ne pas admettre qu'une
pareille transformation se reproduisant pendant quelques
générations, ait pu acquérir un caractère de fixité et donner
ainsi naissance à une des variétés les plus caractérisées de
l'espèce humaine. Si une semblable explication était admis-
sible en ce cas, à plus forte raison serait-elle acceptable pour
des modifications moins profondes.

Il y a fort loin d'une hypothèse de ce genre à celles que propose le système de Darwin. Le grand tort du darwinisme, à un point de vue exclusivement scientifique, est de ne vouloir admettre l'existence d'aucune autre force que de celles qu'il voit fonctionner aujourd'hui sous nos yeux, malgré l'évidence qui démontre sur une infinité de points l'action dans le passé d'agents, même dans l'ordre strictement naturel, dont notre expérience présente ne nous fournit pas les équivalents. Dans son impuissance à analyser des causes qui échappent à son observation, le darwinisme prétend contre toute vraisemblance faire remplir leur rôle par des facteurs évidemment insuffisants pour les effets qu'il leur attribue, et s'efforce de suppléer à leur inefficacité par l'hypothèse gratuite d'une durée presque illimitée dans l'ordre du temps. Comme si le temps, qui peut élever à une beaucoup plus haute puissance les effets d'une cause réelle, pouvait aussi donner à un agent la vertu d'accomplir ce qu'il n'est pas dans sa nature de produire. Prenons donc notre parti de croire que beaucoup de phénomènes étranges, dont nous découvrons aujourd'hui les traces, sont le résultat de circonstances fort différentes de celles qui président maintenant à nos destinées. A une étude directe, qui nous sera toujours impossible, nous pouvons dans une faible mesure suppléer par nos conjectures, basées seulement sur les règles d'une analogie assez éloignée pour qu'il ne soit pas très-facile d'en vérifier la justesse. Et, comme dernière conclusion, nous serons forcés de redire avec Hamlet :

> There are more things in heaven and earth, Horatio,
> Than are dreamt of in our philosophy [1].

[1]   Il est plus de choses au ciel et sur la terre
Que ne peut en rêver notre philosophie.
SHAKSPEARE, *Hamlet*, acte I, scène IX.

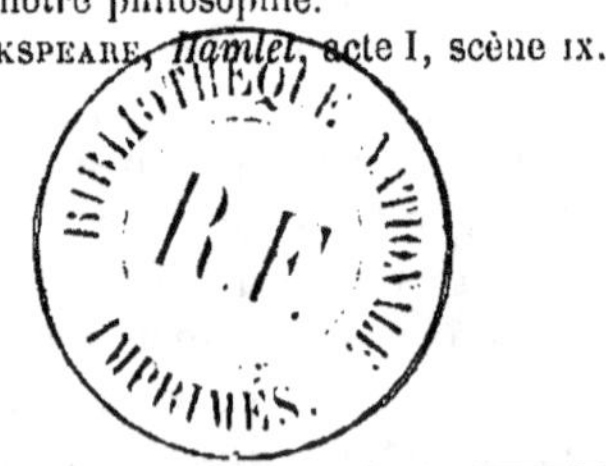

Le Mans. — Typographie ED. MONNOYER, place des Jacobins.